学級経営のすべて

イラストで見る

全活動・全行事の

小学校**6**年

樋口万太郎 編著

東洋館
出版社

はじめに

本書を手に取っていただき、ありがとうございます。

みなさんは初めての6年生の担任ですか？ それとも2回目の担任ですか？ それともそれ以上でしょうか。

私は教職2年目で6年生の担任をしました。ちょうど干支が一回り違う子たちでした。子供にとっては歳の近いお兄ちゃんみたいな存在の先生でした。子供たちは私のことを先生と言わずに「まんちゃん」と呼んでいました。

先日、ある研究会の座談会に登壇をしていました。そこで、「これまでの教師生活でうれしかったことは何ですか？」という質問がありました。私は、次のような返答をしました。

経験年数が浅い頃は、子供たちのすぐの反応がうれしかったです。こちらが頑張った分だけよい反応が返ってきたり、工夫したことに対して子供の笑顔をみたりすることがうれしかったです。

でも、2年目で初めて子供たちを送り出し、その子たちが大人になったときに一緒にお酒を飲みにいって様々な話ができたことがそれ以上にうれしかったことです。卒業して終わりではなく、その続きが何年後にあったのはとてもうれしかったです。

そういえば、この子たちは15歳のとき、同窓会をしたいと他校に転勤した私のところに話をしに来てくれました。卒業後も付き合いが生まれるような学級経営をしなさいと提案したいわけではありません。言いたいことは、6年生との付き合いは子供というより「人」との関係という感覚があるということです。やはり、他の学年に比べて、特別の学年と言えます。

6年生の担任はやはり他の学年に比べて、担任の先生のことを子供たちは覚えています。5年間の先生のバトンを受け取り、子供たちにとって最後の1年間を過ごすのです。最高学年としてみんなのお手本なる存在、学校のリーダー、様々なことを引っ張っていく存在というイメージが6年生にはあったりします。

そんな6年生担任をすることにプレッシャーをもたれる方もいることでしょう。だからこそ、年間の見通しをしっかりもつことで先を見通すことができます。先を見通し、行事をしっかりとねらいをもち取り組むことで、子供たちは成長していくことでしょう。そして、先生自身も成長をしていくことでしょう。子供と先生の成長のために、本書が一助になれば、幸いです。

さぁ、6年生の担任を始めていきましょう。

令和5年2月

編集代表 **樋口万太郎**

本書活用のポイント

本書では、4月から3月まで毎月どのような学級経営を行っていけばよいか、各月の目標・注意事項を解説しています。また、学級経営の具体的なアイデアを、イラストをもとに、どのクラスでも運用できるような形で紹介しています。ぜひ、ご自身のクラスでも実践してみてください。

■本書の見方

月初め概論ページ

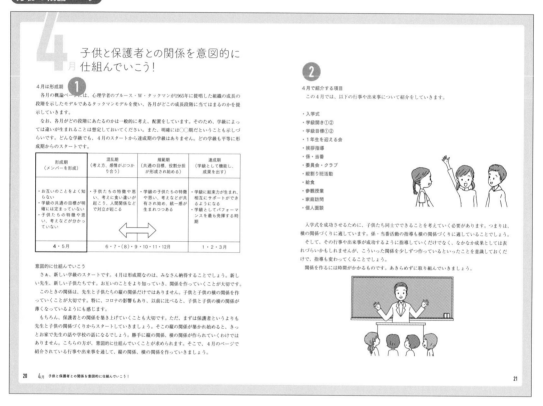

① 目標・注意事項

その月の学級経営での目標、考え方、注意事項を紹介しています。月ごとに何をやるべきなのかを学年で共有する際、このページが参考になります。1年間というスパンで子供・クラスの成長を捉える中で、月ごとにPDCAを回していきましょう。

② 月のねらいに合わせた実践例

ここでは、その月のねらいを達成するための実践例を紹介しています。教師の言葉かけから、取り組みなど幅広い内容となっています。自身の学級経営にマンネリを感じてきたら、是非、ここでのアイデアを実践してみてください。

1年間を
見通した
学級経営を！

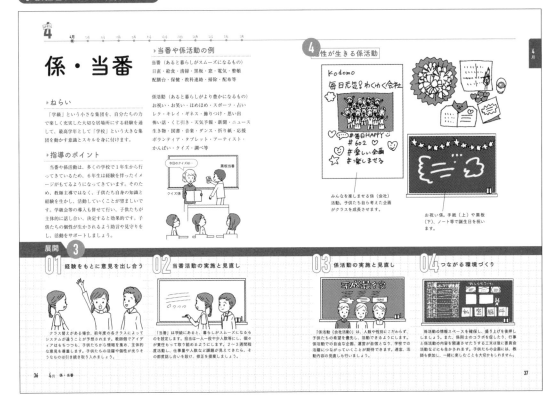

3 活動の流れ

　紹介する活動について、そのねらいや流れ、指導上の留意点をイラストとともに記しています。また、重要な行事については、一人の先生の一例ではなく、複数の先生がそれぞれ提案することで参考にしやすくなっています。

4 中心となる活動・場面など

　紹介する活動において、中心となる活動や場面、教材、板書例などに焦点を当て、活動の大切なポイントを解説しています。その後のゴールのイメージをもつ際に役立ちます。学級経営では、子供の発言を受け止める、つぶやきを大切にする、温かな言葉かけが大切です。

もくじ

1 第6学年における学級経営のポイント

2 第6学年の学級経営

4月 子供と保護者との関係を意図的に仕組んでいこう！　……20

5月 連休明けはボチボチスタートでOK！　……50

第6学年における
学級経営の
ポイント

1

１ ６年生の担任に なったら

① ６年生のイメージ

みなさんは、「６年生」にどのようなイメージをもっていますか。

・最高学年としてみんなのお手本となる存在
・学校のリーダー
・様々なことを引っ張っていく存在

などの輝かしい姿をイメージしたかもしれません。
　では、「５年生」にどのようなイメージをもっていますか。

・自分を確立し始める時期
・心や体が不安定になる時期
・高学年のスタート

といったイメージをもたれる方がいたのではないでしょうか。また、６年生に比べると、イメージしづらい方もいらっしゃったのではないでしょうか。イメージしづらかったことを責めているわけではありません。６年生や１年生はみんながイメージをもちやすい学年なのです。
　「６年生」をイメージしたとき、決して「５年生」の三つのイメージをもたれる方はいないことでしょう。
　つまり、何が言いたいのかといえば、

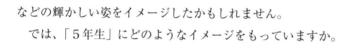
　最初の三つの輝かしい姿をイメージして、４月の学級経営を始めるのは危険

ということです。学級経営がうまくいかない可能性があるということです。

2 うまくいかない理由

「最初の三つの輝かしい姿をイメージして、4月の学級経営を始めるのは危険」ということに驚いた方もいることでしょう。

なぜ、うまくいかないのでしょうか。なぜなら、4月上旬の6年生の子供たちは、1、2週間前には5年生だったからです。5年生から急には6年生にはなれません。私たちの中にも4月に急に「先生」になられた方が多いことでしょう。前日まで「学生」だったのに、たった1日で立場が変わりました。だからといって、先生としての力が急に身に付いたわけではありません。そのことと同じです。

人はすぐには変わることができないものです。もちろん、子供によっては、お手本となる行動ができる子、リーダーとして振る舞える子、引っ張っていくことができる子はいることでしょう。でも、全員ではありません。

だから、前述のような姿に子供たちがなるために、1年間かけて、

日常生活、授業、そして行事を通して育成していく必要

があります。ある意味、これまでの学年と同様のことをしていく必要があります。ただ、「最高学年」「学校の代表」「様々な場面で下級生を引っ張っていく場面がある」「あと1年間で卒業」という事実があります。だからこそ、これまで以上に1年間かけて日常生活、授業、そして行事を通して育成していく必要性があります。

子供たちは勝手には成長はしません。子供が成長していくための、

・教師の思い
・環境
・教師方のサポート

などが必要になります。

子供たちを育成していく中で、上記のような姿をどの子にも見ることができるような学級経営を計画していかないといけません。

6年生の子供たちが卒業するときに、
・最高学年としてみんなのお手本となる存在だった
・学校のリーダーだった
・様々なことを引っ張っていく存在だった
といったようなことを、

まわりの大人が思うこと、子供たち自身も同様のことを思うこと

が理想ではないでしょうか。

2 ゴールイメージを もとう

① 1年後の学級・子供の様子をイメージしよう

　私たちは、

　　1年後のゴールである子供たちにどのような姿になってほしいのか

ということをしっかり考えておく必要があります。

　これがないと、ゴールがないまま学級がスタートすることになります。ゴールがないため、学級がさまよってしまうかもしれません。それだけは避けたいものです。

　とはいっても、はじめて6年生を担任する方にはゴールがイメージしづらかったり、久しぶりに6年生を担任する方にとっては、自分のゴールイメージに自信がなかったりするかもしれません。だから、

　　4月の1週目に子供たちと出会ってから考えてもよい

のです。他にも、

　　「1年後、みんなはどのような姿で卒業したいのか」と問いかけ、子供と先生も共に考える

といったことも有効です。以前、「1年後の私へ」「1年後の学級へ」と手紙を書くという実践にも取り組んだこともあります。その取り組みでは、半年後に手紙を読むのですが、半年前に書いたことを半年後に達成できるのか、達成できなさそうであればどのような取り組みをすればよいのかを考えたこともあります。

　この二つはより子供の実態に応じたゴールになります。理想は高くても構いません。しかし、事前に考えていたゴールでは、

　　子供の実態とかけ離れているゴール

になっている可能性があることを忘れてはいけません。もし、そのようになっているのであれば、途中で軌道修正をすればいいのです。

　また、そのゴールイメージはどのような目的なのかということがないといけません。

　例えば、痩せるというゴール目標があったとします。しかし、その痩せるというゴールは、ボクサーで試合のために減量する目的なのか、太ってきたため太った分痩せようという目的なのかといった目的まで考えたいものです。ボクサーで試合のために減量する目的と、太ってきたため太った分痩せようという目的だと、明らかにボクサーで試合のために減量する目的の方が切実感があります。つまり、

　目的によって、方向性や思いが違う

ということです。だから、

　目的を明確にし、ゴールをイメージする

ということが大切になってくるのです。目的が明確でないと、前述のように目の前の子供たちの実態とずれてしまう可能性があります。

② 抽象的なゴールイメージ

　私はこれまで４回６年生の担任をしたことがありますが、

　１回目は、日本一の学級を目指そう
　２回目は、みんな笑顔で卒業しよう
　３回目は、悔いのない１年にしよう！
　４回目は、コロナに負けるな、一人一人が満足した学校生活を送る

ということを１年後のゴールにしていました。

　私のゴールイメージを見て、案外、抽象的なゴールだなと思われたかもしれません。私はあえて抽象的にしています。抽象的にしておくことで、前述のように軌道修正をしたり、具体的な目標をいくつも考えたりすることができます。具体的な目標だと達成して終わり！ということになりますが、このように抽象的なゴールだと達成して終わり！ということにはなりません。

　しかし、１回目の「日本一の学級を目指そう」というゴールは避けたいものです。とにかく、当時の私は日本一の学級ということに私自身がこだわっていました。自分本位のゴールでした。そう、目の前の子供たちとは関係がなかったのです。自分本位のゴールイメージは避けましょう。

3 学級経営を充実させるための指導

❶ 子供のことを100％理解することはできない

　学級経営を充実させるためのポイントはなんだと思いますか。

　たくさんの面白いネタを知っている。いいえ、違います。

　先生に話術がある。いいえ、違います。

　先生が明るい性格である。いいえ、違います。

　6年生の担任経験がたくさんある。いいえ、違います。

　正解は、

　　子供のことをどれだけ知っているか

です。もちろん上記のことが大切ではないということではありません。特に、6年生の担任経験は大きな武器となります。ただ、それらよりもということです。

　ただ、一方で私は、

　　子供のことを100％理解することはできない

と考えています。このように書くと、何か冷たく聞こえるかもしれませんが、事実なのです。みなさん自身で考えてみてください。ご自身のことを100％理解している人がどれほどいますか。正直私にはいません。自分の親、妻、友達など自分にとって親しい人でも100％理解している人なんていないのではないでしょうか。

　時々、「担任である私が一番子供たちのことを100％理解している」ということを主張される方に出会うことがあります。確かに、担任の先生が一番その学級の子供たちのことを知っていることでしょう。だからといって、100％理解しているということにはつながりません。

　本当にその人が子供のことを100％理解していると思うのであれば、

　　自分の小さい視野の中で子供たちのことを見ている

のでしょう。なぜ、そんなことが分かるのかといえば、私自身がそうだったからです。2回目に6年生の担任をしていたときに、「担任である私が一番子供たちのことを100％理解している」と職員室で同僚に言っていたからです。今、振り返ってみるとなんとも恥ずかしい話です。

　まずは、「子供のことを100％理解することはできない」という事実を受け入れてほしいと思っています。

② 子供のことを少しでも理解するために

　「子供のことを100％理解することはできない」と言いますが、でも実際はそれではダメですよね！というツッコミがそろそろみなさんからきそうです。

　そうです。「子供のことを100％理解することはできない」からといって、何もしないわけではありません。

子供たちの情報をたくさん集める

ということをしないといけません。つまり、子供たちの情報をたくさん集めて、子供のことを知っていこうよということです。

　例えば、6年生で流行しているものを知っていますか？ この原稿を書いているのは、2022年の7月です。SNSで6年生に流行しているものを聞いてみたところ、
・BTS　・スパイファミリー　・フォートナイト　・TikTok　・人狼ゲーム　・呪術廻戦
などが複数回答でした。このうち、みなさんは何個知っていますか。

　もし知らなければ、それらの流行しているものの情報を集めるということも子供を知るということになります。

　Adoさんの『うっせぇわ』という曲が流行したとき、学校で「うっせぇわ」と言った子に「なんて言葉遣い！」と注意をした先生がいたそうです。嘘のような本当の話です。

　「なんて言葉遣い！」と注意をした先生と「なんて言葉遣い！」と注意された子の気持ちが離れていくことは明白です。

　だからといって、子供たちの興味があることをすべて知るには時間が足りません。だから、「それ、何？ 先生に教えてくれない？」と聞けばいいのです。きっと子供たちは説明してくれるでしょう。情報を集めることができるだけでなく、子供とコミュニケーションをとれる一石二鳥の方法です。

4 6年生とは、心と身体が変化していく大事な時期

　前ページに、子供たちの情報をたくさん集めようと書きました。子供たちは一人ひとり違います。だから、クラスに35人いれば35通りの成長の仕方があり、35種類の情報を集めないといけません。

　そういった情報を集めることも大事な一方で、6年生の一般的な特徴や指導についても知っておくことが大切です。

1 思春期・反抗期到来

　6年生の子供たちは、個人差はありますが、思春期を迎えようとしている年頃であったり、反抗期が始まる子供がいたりします。そのため、これまでと比べて、先生や親に対して反抗的な態度や言動を取るようになることが増えます。これはある意味、仕方のないことです。誰もが通る道なのです。

　だからといって、反抗的な態度や言動が許されるわけではありません。人を傷つけるような態度や言動は厳しく指導をしていく必要があります。

　ただ、子供の中には「反抗的な態度や言動」によってコミュニケーションをとる子がいます。いつもの反抗的な態度や言動にもかかわらず、近くにやってくる子はその傾向にあります。見極めることも大切です。

　身体的な変化についても考慮していく必要があります。担任が男性のときには、女子が身体的なことについて相談しづらいことも考えられます。そんなときは、「（担任の先生に言わなくても）女性の先生に相談していいからね」ということを言っておきます。

　子供によっては、先生の膝に乗ろうとしたり、おんぶしてとお願いしたりする子もいます。これは1年生であっても先生の膝に乗ること、おんぶすることはNOと言うべきことですが、これまでの学年以上に考慮する必要があります。

　私は、高学年を指導するときに、

密閉空間で先生一人と子供一人の場面を作らない

ようにしています。何を言われるか分からない世の中です。自分の身を守るためでもあります。

2 分類

　宇野（2018）は、高学年女子を一人でも集団でも上手に生活できる「いるか女子」、集団に入れば安心する「ひつじ女子」、集団にいなくても平気な「おおかみ女子」、自分が一番好きな「くじゃく女子」という四つに分類しました。

　事実に基づいた分かりやすい分類です。よく「男子だから大丈夫」「女子だからおしとやかにしなさい」「男子だから泣くな」といった、「男子だから〜」「女子だから〜」といった発言は、必要以上の決め切った偏見の分類の仕方です。もう、このような子供の見方は時代遅れです。

　分類をした上で、それぞれに適した指導をしていくことは大切です。

みんな同じ指導はもう時代遅れ

なのです。今、教育界では「個別最適な学び」という言葉が流行中です。これは決して授業だけの話ではありません。私たちが子供たちのことを理解するとき、指導するときも個別最適化されたものを目指さないといけません。

　とはいっても、これが難しいのです。子供を指導して、「失敗したな」と思うことは教職20年目あたりになってもあることです。言い訳をするわけではありませんが、「失敗したな」と振り返ることが大切です。振り返ることが、改善へとつながっていきます。

　だから、自分の子供の見方や指導が適切かどうか、定期的に確かめる必要があります。確かめる方法は、6年生に関わっている先生と子供の話をすればよいのです。

　拙著『これから教壇に立つあなたに伝えたいこと』（東洋館出版社）でも書きましたが、子供たちが定義する「友達」という言葉には、**相手を批判したらダメというような雰囲気**を感じます。子供たちの言う「友達」という分類についても、よく考えておかないといけません。

3 受験する子

　学級の中には、中学受験をする子がいる可能性があります。試験日が近づくと、受験勉強のために、風邪をうつされないように欠席をする子がいます。「どうして、欠席をするんだ」と思われるかもしれません。以前は私もそのように思っていました。

　でも、その子の人生です。その子にとっての大勝負です。その子自身も大きなプレッシャーがあることでしょう。だから、その子にできる限りのサポートをすることが大切です。

５　６年生は行事で育てていこう

1 行事で育てよう

　１年間かけて日常生活、授業、そして行事を通して育成していく必要があることは、前述の通りです。

　古舘（2022）は、「『導入の演出』で行事の在り方が大きく変わる」と述べています。やはり、行事は当日のことだけでなく、行事の前後についての取り組みも大切です。

　行事の導入で、どのようなことを子供たちに伝えるか、共有するか

がポイントとなってきます。

　忘れがちなのは行事後のことです。行事は終わったとしても、学校生活は続くわけです。行事で体験・経験したことを今後の学校生活で活かしていきたいものです。

　本書では、行事前は導入にあたり、行事後は行事のあとにどのような取り組みをすればよいのかということを書いています。

　行事では、子供に任せるという場面が多くあることでしょう。最近、「子供に任せる」「自由に取り組ませる」「教師のいらない」といったキーワードをよく聞くようになりました。前年度低学年を担任した場合と比べると、６年生は様々なことが自分たちでできます。低学年の子たちよりも任せることができます。

　ただ、誤解をしてはいけないのが、子供に任せようが、自由に取り組ませようが、教師がいらないでいようが、いずれにせよ育てていくための教師の思い、手立て、サポートが必要なのです。もし、そういったこともなく、任せたり自由にさせたりする場合は、

　単なる「指導の放棄」

です。それでは、いつまでも子供たちは成長することはできません。

2 行事で子供みんなをリーダーに

　6年生だからといって、行事に対して希望に満ち溢れた子ばかりではありません。様々なことで傷ついている子もいることでしょう。また、先生による決めつけで苦しんでいる子もいるかもしれません。

　6年生にもなると、「この子はリーダータイプ」といった声が先生の中でも出てきます。先生だけでなく、子供たちの中にも「この子はみんなを引っ張っていってくれる」といったことが分かる年頃でもあります。

　ただ、そういったリーダータイプは本当にリーダータイプなのでしょうか。先生の指示を通してくれる子、みんなに言うことを聞かすことができる子などのようなタイプをリーダータイプと言っていないでしょうか。

　リーダータイプ以外の子は、本当にリーダータイプではないのでしょうか。正直、分かりません。だから、クラス全員がリーダーになれるように、こちらは指導していく必要があります。また、リーダーにもいろいろな形があります。先頭でみんなを引っ張っていくリーダーもいれば、後ろからみんなを支えるリーダーもいることでしょう。リーダーになるためには、

リーダーとしての経験を積むしかありません

　どの子もリーダーになるためには、手立てが必要です。

　地位が人を成長させてくれるという言葉があるように、生まれながらのリーダーはいません。リーダーシップというのは、持って生まれた才能ではありません。行事がそういった場になっていきます。

3 子供と共に

・1年後の卒業後を見据えて、考えていくという長期的な視点
・1週間、1ヶ月という短い期間でできるようになってほしい短期的な視点

の二つが子供を指導していくときには、必要になってきます。

　また、先生が子供たちに与えるだけが学級経営ではありません。これからの学級経営は先生も子供も一緒になって作り上げていくといった、

学級協働編集

です。きっと1年間喜怒哀楽があることでしょう。でも、子供の1年後の姿を願いつつ、6年生をスタートしていきましょう。

第1章の参考・引用文献
6年生担任に役立つ本

　ここまでの参考・引用文献が以下になります。また、6年生を担任したときに役立つ書籍も示しておきます。

樋口万太郎『GIGA School時代の学級づくり』東洋館出版社，2022.

宇野弘恵『タイプ別でよくわかる! 高学年女子 困った時の指導法60』明治図書，2018.

古舘良純『小学6年担任のマインドセット』明治図書，2022.

川上康則『教室マルトリートメント』東洋館出版社，2022.

安部恭子・橋谷由紀『「みんなの」学級経営 伸びる・つながる小学6年生』東洋館出版社，2018.

多賀一郎『小学6年の学級づくり&授業づくり 12か月の仕事術（ロケットスタートシリーズ）』明治図書，2019.

赤坂真二・松下崇『学級を最高のチームにする! 365日の集団づくり 6年』明治図書，2016.

土作彰『明日からできる速効マンガ 6年生の学級づくり』日本標準，2016.

【板書シリーズ（すべて東洋館出版社）】

『板書で見る全単元の授業のすべて 国語 小学校6年上下』，2020.

『板書で見る全単元・全時間の授業のすべて 社会 小学校6年』，2020.

『板書で見る全単元・全時間の授業のすべて 算数 小学校6年上下』，2020.

『板書で見る全単元・全時間の授業のすべて 理科 小学校6年』，2020.

【関西体育授業研究会シリーズ（すべて明治図書出版）】

『すべての子どもが主役になれる!「ボール運動」絶対成功の指導BOOK』，2015.

『導入5分が授業を決める!「準備運動」絶対成功の指導BOOK』，2017.

『学習カードでよくわかる 365日の全授業 小学校体育 6年 令和2年度全面実施学習指導要領対応』，2021.

第6学年の
学級経営

2

子供と保護者との関係を意図的に仕組んでいこう！

4月は形成期

　各月の概論ページには、心理学者のブルース・W・タックマンが1965年に提唱した組織の成長の段階を示したモデルであるタックマンモデルを使い、各月がどこの成長段階に当てはまるのかを提示していきます。

　なお、各月がどの段階にあたるのかは一般的に考え、配置をしています。そのため、学級によっては違いが生まれることは想定しておいてください。また、明確には○○期だということも示しづらいです。どんな学級でも、4月のスタートから達成期の学級はありません。どの学級も平等に形成期からのスタートです。

形成期 （メンバーを形成）	混乱期 （考え方、感情がぶつかり合う）	規範期 （共通の目標、役割分担が形成され始める）	達成期 （学級として機能し、成果を出す）
・お互いのことをよく知らない ・学級の共通の目標が明確には定まっていない ・子供たちの特徴や思い、考えなどが分かっていない	・子供たちの特徴や思い、考えに食い違いが起こり、人間関係などで対立が起こる	・学級の子供たちの特徴や思い、考えなどが共有され始め、統一感が生まれつつある	・学級に結束力が生まれ、相互にサポートができるようになる ・学級としてパフォーマンスを最も発揮する時期
4・5月	6・7・(8)・9・10・11・12月		1・2・3月

意図的に仕組んでいこう

　さぁ、新しい学級のスタートです。4月は形成期なのは、みなさん納得することでしょう。新しい先生、新しい子供たちです。お互いのことをより知っていき、関係を作っていくことが大切です。

　このときの関係は、先生と子供たちの縦の関係だけではありません。子供と子供の横の関係を作っていくことが大切です。特に、コロナの影響もあり、以前に比べると、子供と子供の横の関係が薄くなっているようにも感じます。

　もちろん、保護者との関係を築き上げていくことも大切です。ただ、まずは保護者というよりも先生と子供の関係づくりからスタートしていきましょう。そこの縦の関係が築かれ始めると、きっとお家で先生の話や学校の話になるでしょう。勝手に縦の関係、横の関係が作られていくわけではありません。こちらの方が、**意図的に仕組んでいく**ことが求められます。そこで、4月のページで紹介されている行事や出来事を通して、縦の関係、横の関係を作っていきましょう。

４月で紹介する項目

　この４月では、以下の行事や出来事について紹介をしていきます。

・入学式
・学級開き①②
・学級目標①②
・１年生を迎える会
・挨拶指導
・係・当番
・委員会・クラブ
・縦割り班活動
・給食
・参観授業
・家庭訪問
・個人面談

　入学式を成功させるために、子供たち同士でできることを考えていく必要があります。つまりは、横の関係づくりに適しています。係・当番活動の指導も横の関係づくりに適していることでしょう。
　そして、その行事や出来事が成功するように指導していくだけでなく、なかなか成果としては表れづらいかもしれませんが、こういった関係を少しずつ作っているといったことを意識しておくだけで、指導も変わってくることでしょう。
　関係を作るには時間がかかるものです。あきらめずに取り組んでいきましょう。

入学式

▶ねらい

1年生にやさしく関わる自分の存在を見つめ、最高学年としての自覚を味わわせます。卒業式へのつながりを意識させて行事を成功させることで、自信をもたせましょう。

▶指導のポイント

入学式は、リーダーとして直接的にも間接的にも関わることができる、最初の行事です。子供たち一人ひとりの頑張る姿をたくさん見つけ、積極的に言葉をかけていきましょう。

また、自分たちが入学した頃を思い出し、懐かしさや成長を感じる「心の現在地」も大切にしたいです。約1年後、同じ会場で卒業式が行われる学校が多いのではないでしょうか。6年生みんなで自信をもってその一歩を踏み出しましょう。

> 入学したときのことを思い出して素敵な入学式にしましょう！

6年生としての自覚を促したり、約1年後に訪れる卒業式を意識したりしながら言葉をかけていきます。1年生が安心して迎えられるような入学式にしましょう。

展開

01 入学式会場準備

準備はメインの式場だけではありません。1年生教室や通路、掲示板作成など、場所も内容も多岐にわたります。できるだけ子供たちの特性を生かして役割を配置し、「あなたに頼んでよかった」「気付くなんてすごい！」など、頑張りを伝える場面を多くもちたいですね。

02 在校生代表で入学式に参加

6年生が在校生代表として式に参加できる学校があります。手をつないで入場、座席案内、歓迎の言葉、校歌のプレゼント等、関われる場面を1年生担任の先生と打ち合せます。「おめでとう」が伝わる言葉や目線の高さ、表情、態度なども、事前に確認しておきましょう。

入学式の準備

ごにゅうがくおめでとうございます

メインの式場に掲げた看板に花を付けたり、垂れ幕を貼ったりします。「1年生に喜んでもらえるような入学式にしようね」と声をかけながら、最高学年としての自覚を促していきます。

会場の準備は、メインの式場以外に廊下や教室でもあります。一人ひとりに役割をもたせて、その頑張りを後に子供たちに伝えるようにしましょう。

03 入学式の前後に参加

入学式に参加しない場合でも、1年生と関わる場を意図的に作ることができます。例えば、トイレや会場までの付き添い、外で花道を作り、笑顔と拍手で迎え入れるなどです。「安心感のある学校は、私たち6年生が作っていく」という気持ちを感じさせましょう。

04 後片付け・振り返り

皆さんの頑張りのおかげで素敵な式になりました。ありがとう！

子供たちが頑張る姿を写真に収め、一緒に振り返りをします。進級して間もなく、大きな仕事を終えた子供たちを褒めましょう。校長先生や1年生担任の先生からもねぎらいの言葉がいただけたら、子供たちの達成感や自己肯定感の高まりがさらに期待できます。

学級開き①

▶ ねらい

　教師と子供との初めての出会いを大切にします。最高学年への憧れを高めながらも、最高学年に対するプレッシャーを感じさせすぎないようにしていきましょう。

▶ 指導のポイント

　単発の6年担任は、子供たちが不安に思う可能性が高いです。「5年生の先生が持ち上がりだと思っていたのに」。そんなふうに感じる子供もいるでしょう。その不安を少しでも取り除けるように、自己開示を大切にします。正直、6年生の学級開きは、入学式の準備があるので、ほとんど時間がないと思ってもいいです。少しでも子供の心をつかめるように、自己紹介のスライドなどを使って、自分らしさが溢れるものにできるといいですね。

▶ 自己紹介は「ちょっとした遊び要素を」

　自己紹介となると、どうしても教師が一方的に話す時間が増えてしまうはずです。たとえ、6年生であっても、いきなり10分ほど話を聞くのはしんどいかもしれません。クイズや嘘あてゲームなどを取り入れて、緊張した雰囲気や子供の表情を和らげてあげましょう。

小学校の先生6年目
先生の年れいは
8さいと228か月です。

さあ、クイズです！
先生は何さいでしょう？
① 8さい　② 228さい
③ 27さい

この中に1つだけうそがあります！

・旅行に行くこと
・写真をとること
・本を読むこと
・映画を見ること
・アニメ
・やさいを食べること
・スイッチをすること
・テニスをすること
・植物を育てること

好きではない
ものはどれし
ょう？

展開

01　自己紹介

樋口太郎

　スライドなどを用意して、まずは自己紹介をします。「この先生は誰？」と知らないからこその不安感をもっている子供もいると思います。まずは自分のことを知ってもらいましょう。過去の失敗談やここだけの秘密などを入れると、心の距離が縮まるかもしれません。

02　子供の名前を呼ぶ

○○さん
素敵な名前ですね

　呼名は、教師と子供が一対一で初めて関わる一大イベントです。そこで、呼名するだけではなく、プラス1の声かけをします。素敵な名前だと伝えてもいいですし、返事のよさにリアクションしてもいいでしょう。少しでも子供の表情が和らげば理想的です。

印象に残る自己紹介を！

先生の名前は、樋口太郎と言います

樋口太郎

初めての出会いを大切にするためにも、自己紹介は子供たちの印象に残る話を。スライドを使って、自分の趣味の写真や楽しかった・失敗したエピソードを紹介するといいですね。

03 入学式の準備をする

　入学式の準備は子供の実態を見ることのできる大きなチャンスです。課題を把握しながらも、子供のよさをたくさん見つけるようにします。準備を終えた後、教室でこのクラスの頑張りを伝えます。6年生としての初めての活動を大きくたたえましょう。

04 配布物を配る

　始業式の日は、大量に配るプリントがあります。学年通信や保健関係の書類、家庭調査票など、絶対にその日に配らないといけないプリントがあります。配り忘れは保護者との最初のミスマッチになってしまうので、最善の注意を払いましょう。

学級開き②

▶ねらい

　小学校生活最後の一年は、子供たちにとっても先生にとっても特別です。互いの理想とする姿や願いを共有し、一体となって卒業を目指す思いを大切に、心地よいスタートを切りましょう。

▶指導のポイント

　5年生からの学級をそのまま持ち上がった場合は、関係が築けている分、和やかにゆったりとスタートできることでしょう。「またあなたたちと暮らせることがうれしい」「今日から卒業までのカウントダウンが始まることが寂しい」など、思いを伝えます。その上で「6年生として今までよりもレベルアップを期待していること」や「一人ひとりのアクションが最高の学校を作ること」を意識させたいです。

▶思春期、こんなときは要注意！

　クラス替えで子供たちの一部のみが変わった場合、5年生から持ち上がりのクラスの子供たちと比べ、多少の温度差や距離感を抱きながら教師に関わり始めます。その不安や劣等感を受け止め、できるだけ早く個々と会話し、安心できる関係づくりに努めましょう。

　また、逆も同様で「担当は先生がよかったな」と思う、他クラスになった子供がいるかもしれません。新しい担任の先生に子供たちの情報をたくさん伝え、大人も子供も、早く環境の変化に適応できるよう意識しましょう。

　さらに、担任が同性なのか異性なのかで関係づくりに敏感になる子供もいます。そのため、6年生の先生方は、「学級」というよりは「学年」を意識し、指導していく必要があります。先生たちが、「学級」の垣根を越え、関係なくサポートしていくことを子供たちに伝えることで、「学級の居場所」も安心して見つけられるように整えていきたいです。

展開

01 学年でビジョンを共有しよう

　上記の理由から、「学年」でスタートできることが望ましいです。6年生の先生たちの人柄が知れ、卒業までのビジョンも全員で共有できる安心感があります。
　時間や場所の関係で学年の場がとれないときは、事前に学年の先生方で話し合い、学年経営の指針を明確にしておきましょう。その点を踏まえ、自己紹介や教師の願い等を学級開きで伝えます（その一例は前ページの「学級開き①」をご覧ください）。そのときに、教師側の「6年生はこうである」というような勝手なラベリングをしてはいけません。子供たち一人ひとりにも「理想の6年生像」や「こんな一年を過ごしたい」という願いがあるはずです。子供たちの言葉から思いが紡がれるよう、しかけましょう。

02 主体的になれるしかけをしよう

　多くの学校では初日に入学式準備や教科書配布などが行われ、ゆっくり時間が取れないでしょう。初日は出会いの場を大切にし、「明日も学校に行きたい」と思って、さようならできることが理想的です。2日目以降にどんどんしかけていきましょう。
【しかけ案】
① 桜の木や校門前で集合写真を撮る。
② 初日から卒業まで、写真を撮りためておく。
③ 学年でテーマにしたい言葉を募集し、学年通信や掲示板、自学コーナーの名前にする。
④ 「卒業式を迎えた自分へ」手紙を書き、1の集合写真も封筒に入れ、卒業式前日まで保管する。
⑤ 年間行事予定を掲示し、見通しをもたせる。

[しかけ案③の例]

募集！

新6年生で大切にしたいキーワードやテーマ!!

進級おめでとうございます。いよいよ最上級生！
●●小で過ごす最後の1年をどのようにして
いきたいですか？1日1日を大切にできるよう、
「6年生のテーマ」をみなさんから募集します♪
その集まった案の中から、学年だよりのタイトルや、
クラス会議名などを決めていく予定です⁉

友だちやおうちの方と考えるのもOK！
好きな曲や本からヒントをもらう
案は、いくつ出してもOK!!!

★しめきり → 4/15(月)
★提出先 → 各クラスの担任

Peace会議

学級目標①

▶ねらい

学級目標は、ただの教師の飾り物になってしまうことがあります。教師の願いと子供の思いを共有しながら、クラス全体が一年かけて目指していく意味のあるものにしましょう。

▶指導のポイント

子供たちに学級目標をまず何にするかから尋ねていく形もありますが、子供の様子を見ながら教師側から提示することもあります。ポイントは、このときにあえて抽象度の高い学級目標とすることです。ただ、抽象度の高いままだと飾り物となってしまう可能性が高いです。

そこで、子供に具体を求めるようにします。教師が学級目標を決め、その具体について子供が意見を出し合い、共に作り上げていくことを大切にしています。

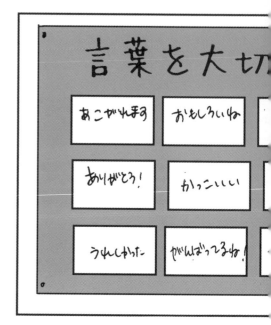

「人に伝えるため」「仲良くなる」「人を幸せにする」など、何のために言葉を大切にするのかを子供たちに考えさせながら、意見を出していきます。

展開

01 クラスの課題を把握する

4月はじめ、出会ったばかりの頃は子供たちも緊張しているので課題は見えづらいですが、1週間を過ぎたあたりから、子供の実態が見え始めます。「このまま1年続くと、クラスが下向きに傾いてしまう」。そういったことをメモして、学級目標を考え始めます。

02 学級目標への思いを伝える

ただ学級目標を教師から伝えるだけでは、そこに子供たちの納得感は生まれません。「なぜ大事なのか」「その目標を目指すと、どんないいことがありそうか」。こういったあたりの考えを教師からも話しますし、子供の考えもしっかり聞くようにします。

子供の意見を取り上げ、一緒に作る学級目標

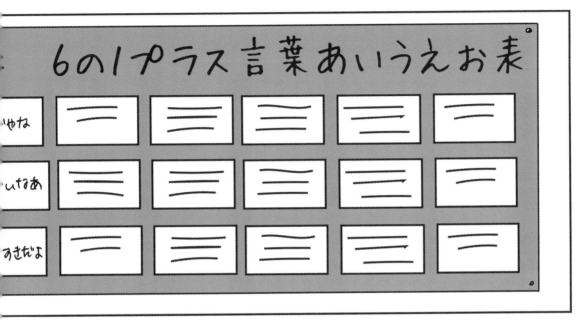

実際に子供たちが言葉を書いて
貼っていった学級目標の写真。

03 具体を出し合う

Jamboard（デジタルホワイトボード）などのICTを
活用して、意見を出し合うのもいいでしょう。教師から
一方的に伝えて終わりではなく、「実際にどんな行動が
見られるといいのか」その具体像をクラス全体で意見を
出し合い、クラス全員で目標を作り上げていきます。

04 振り返りをする

飾り物にならないために、必要となってくるのは振り
返りです。週末や月末、学期末など、終わりの時期に価
値づける時間を取るようにします。クラス全員達成を目
指すというよりは、「8割できていたら褒める」など、
それくらいの気持ちでいてもいいかもしれません。

学級目標②

▶ねらい

　子供たちとアイディアを出し合い、学級目標を立て、掲示します。目標に掲げた姿を子供たちと先生が共に意識し、声をかけ合いながら生活できるようにしましょう。

▶指導のポイント

　学校教育目標や学年目標に準じて作成するものが学級目標です。5年生からクラス替えがなかった場合は4月に決められそうですが、クラス替えがあった場合は、5月や6月頃にゆったりと決めることを提案します。まずは、子供たちがお互いのことを知り、教師も子供一人ひとりの個性や願いを捉えることが大切です。学級形成ができてきた頃に共通の課題意識をもち、学級集団を支えるための目標を定めるようにしましょう。

クラスで話し合いながらスローガンを決めます。共通の願いをもてるような学級目標にしましょう。

展開

01 アイディアを募集する

　学級目標は様々な形があります。例えば、テーマを漢字一文字に絞る、スローガンにする、学習面・行動面で柱をたてる、あいうえお作文にするなどです。今まではどのような形にしてきたのか、子供たちの経験をもとにアイディアを募集しましょう。

02 学級会で話し合う

　学級目標は掲示できる形にするまでに決めることがたくさんあります。学級会がとれる時間も限られているので、タブレットのアンケート機能などを利用して事前に意見収集を行っておくと、一人ひとりの想いを大切にでき、効率的に話し合いができそうです。

言葉に願いを乗せた学級目標！

なの SMILE みんなの絆

そろえて　輝こう

03 言葉に願いを乗せる

学級目標には大切にしたい言葉や、自分たちの願う言葉が入ってくることでしょう。しかし、そこに具体的な姿が想像できないと、飾りだけの言葉になってしまいます。学級目標の言葉に乗せた願いを子供たちと担任で、しっかりとすり合わせていきましょう。

04 学級目標をアップデートする

みんなの SMILE

学級目標は教室の前面に掲示すると視覚刺激になることがあるので、背面や側面などに掲示しましょう。また、飾って終わらないよう定期的に振り返りをし、自分たちで決めた姿を目指し続ける意識が大切です。目標や具体策を見直し、アップデートさせましょう。

1年生を迎える会

▶ねらい

　1年生が「小学校を好きになる」機会となるよう意識させます。また、他学年の子も楽しく参加できる方法を考え、行事を計画・実行する経験を通して、リーダーシップの大切さに気付かせましょう。

▶指導のポイント

　昨年度までは、参加を楽しむだけだった子供たちですが、今年度は運営側に回ります。前年度の「6年生を送る会」では、5年生として初めて先頭に立って児童会運営を経験したのではないでしょうか。そのときの成果と課題を想起させ、「よい会にするために大切なこと」をイメージできるように指導しましょう。また、学校文化として継承されているものは大切にしつつも、子供たちならではのオリジナリティが出せることも必要です。

展開

01 行事の成功イメージを共有する

　入学して数週間の1年生は、今どのような気持ちで学校生活を送っているのでしょうか。まずは、日頃の様子を観察したり、インタビューをしたりして、1年生の実態を知ることが大切です。また、1年生向けの絵本を読み聞かせて、気持ちを想像させることもよいでしょう。その上で「学校をもっと楽しんでほしい」「他学年との交流を通して仲良くなってほしい」など、会の目的を共有しましょう。そうすることで、具体案を出し合うときに的外れな意見が出にくくなります。

　入学式から1年生を迎える会までの期間は、ほんのわずかです。スムーズに計画を済ませ、すぐに準備に取り掛かれるよう、筋道を示す指導を意識していきましょう。

02 経験をもとに話し合う

　6年生にとっては6回目の1年生を迎える会です。進行手順やゲームの内容、プレゼント贈呈など、大まかなプログラムは例年と同じだとしても、実施方法に多少の変化や工夫を付けることができます。今まで体験して楽しかったものは何か、準備時間が必要以上にかからないかなど、成功するポイントに沿って意見を出し合い、よりよいものを計画したいところです。

　まずは、各クラスで意見を出し合ってから、「実行委員会」などを立ち上げ、子供たちが中心となってこの会の舵を切れるようにしましょう。教師は、子供たちと同じ目線になって関わり、適宜アドバイスを伝える存在でいたいです。

生をむかえる会

１年生だけでなく他学年も楽しくできるような会にします。子供たちが失敗を恐れず、自信をもって、笑顔で進めていけるように促します。終わったら集合写真を撮っておくと、よい思い出になります。

03 役割分担をし、協力して準備する

企画が通ったら、すぐに分担を決めて準備に取り掛かります。ここでは、様々なリーダーシップが要求されます。早々と自分のラベリングを自分で貼り替え始める子供がいるかもしれません（例えば、人前で話すのが苦手だけど司会進行を希望する子、手先が器用とは言えないがプレゼントづくりに参加する子等）。新たなことにチャレンジするときは、大抵うまくいかないものです。できているところに目を向け、殻を破ってチャレンジした勇気を褒めましょう。

また、決して華々しいとは言えない役割になる子供もいます。個々の頑張りがあってこその行事成功です。教師が適宜個人にスポットライトをあてる役割になりましょう。

04 自分たちも「笑顔」で楽しもう

全児童参加行事の運営は、緊張します。不安を抱きながら当日を迎える子もいるはずです。今まで一生懸命準備してきた過程をねぎらい、失敗を恐れず自信をもって取り組んでほしいと伝えましょう。当日、一番大切なのは１年生や他学年の子たちが「笑顔でいること」です。６年生が緊張でこわばった顔をしていたら、下級生もドキドキしてしまいます。にっこり笑顔で接することができるよう、背中を押して励ましましょう。

挨拶指導

▶ねらい

「なぜ、挨拶をするのか」「気持ちのよい挨拶とはどんな挨拶なのか」を話し合い、学級（学年）独自の「挨拶レベル」を作成します。「挨拶の達人」を常に意識できるように、目標を立て、実践し、振り返りを行います。

▶指導のポイント

ふだん何気なくしている挨拶について、4月のうちにじっくり時間をかけて考えるとよいでしょう。これから1年間、全校での挨拶を盛り上げていくために、まずは6年生がお手本となるよう指導していきましょう。

道徳で「礼儀」について学習した後に時間を取ってもよいですし、学級活動として1時間じっくり考えるのもよいでしょう。

一人ひとりが自分事として考えられるよう、ICTを活用するのがポイントです。

▶楽しく取り組めるようカスタマイズを

ちょっと挨拶からは話がそれますが、ICTを活用する上でトラブルも心配される年頃です。誰かの付箋を間違って動かしてしまってトラブルになるかもしれない、無記名の付箋なのでふざけてしまう子がいるかもしれない、いろいろと心配される先生方もいらっしゃることでしょう。

ICTはあくまでも「手段」です。ここにとらわれることなく、みんなで話し合える手段を選択してみてください。ホワイトボードを使って意見を出し合っても構いません。本物の付箋を使ってももちろんよいです。寄せ書きのように大きな紙にみんなで意見を書き合うのも盛り上がるかもしれません。

挨拶レベルの呼び方も子供たちが考えて名づけると面白いですね。「自分たちで考えた」ということがとても大切です。

各学級の実態に応じて、楽しく取り組めるようカスタマイズしてみてください。

展開

01 挨拶にはどんなものがある？

おはよう　　ありがとう

こんにちは　さようなら

全員が自分事として考えられるよう、「挨拶にはどんなものがある？」と、たくさん発言できる簡単な発問から始めます。「おはよう」「こんにちは」「ありがとう」……たくさんの挨拶で黒板をいっぱいにしましょう。子供たちが板書してもよいですし、リレー形式で発表してもよいですね。

02 なぜ挨拶をするの？

次は挨拶の大切さを考えます。「心を開くため」「存在を認めていることを示す」「印象が良くなる」など諸説ありますが、先生自身が納得できる言葉で、挨拶の意義を語れるようにしておくとよいでしょう。模範解答は一つではありません。大切なのは一人ひとりが納得解をもつことです。

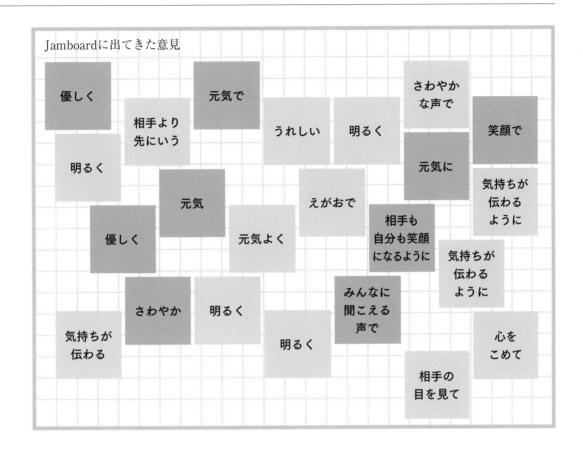

Jamboardに出てきた意見

優しく　元気で　さわやかな声で　笑顔で
相手より先にいう　うれしい　明るく
明るく　元気に　気持ちが伝わるように
元気　えがおで　相手も自分も笑顔になるように
優しく　元気よく　気持ちが伝わるように
さわやか　明るく　みんなに聞こえる声で　心をこめて
気持ちが伝わる　明るく　相手の目を見て

03 気持ちのよい挨拶って？

挨拶の大切さを確認したら、いよいよ具体的な「挨拶の仕方」についてみんなで考えます。ここでは、Jamboardを活用した実践について紹介します（上の図参照）。

「気持ちのよい挨拶ってどんな挨拶だと思う？」と投げかけ、思いつく言葉を付箋に書いていきます。学級の人数が多いと、Jamboardがすぐにいっぱいになってしまい、予期せず友達の付箋を動かしてしまうこともあるので、「１班は１ページ目、２班は２ページ目」などと、グループごとにページを割り振っておくとよいでしょう。

１枚の付箋には一つの言葉と決めて、「挨拶に大事だと思う言葉」をどんどん書きためていきましょう。ここで大切なのは「量」です！

04 挨拶レベルを作ろう

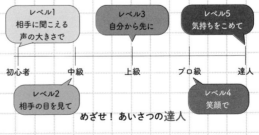

レベル1　相手に聞こえる声の大きさで
レベル2　相手の目を見て
レベル3　自分から先に
レベル4　笑顔で
レベル5　気持ちをこめて

初心者　中級　上級　プロ級　達人

めざせ！あいさつの達人

みんなで出したアイディアをもとに、学級（学年）ごとに「挨拶レベル」を作成します。これを教室に掲示しておき、「今の挨拶は上級だったね」「今日の○○さんの挨拶はプロ級だね」などと振り返り、実践への意欲を高めることができます。

係・当番

▶ねらい

「学級」という小さな集団を、自分たちの力で楽しく充実した大切な居場所にする経験を通して、最高学年として「学校」という大きな集団を動かす意識とスキルを身に付けます。

▶指導のポイント

当番や係活動は、多くの学校で1年生から行ってきているため、6年生は経験を伴ったイメージがもてるようになってきています。そのため、教師主導ではなく、子供たち自身の知識と経験を生かし、活動していくことが望ましいです。学級会等の導入も併せて行い、子供たちが主体的に話し合い、決定すると効果的です。子供たちの個性が生かされるよう助言や見守りをし、活動をサポートしましょう。

▶当番や係活動の例

当番（あると暮らしがスムーズになるもの）
日直・給食・清掃・黒板・窓・電気・整頓
配膳台・保健・教科連絡・掃除・配布等

係活動（あると暮らしがより豊かになるもの）
お祝い・お笑い・ほめほめ・スポーツ・占い
レク・キレイ・ギネス・飾りつけ・思い出
怖い話・くじ引き・天気予報・新聞・ニュース
生き物・図書・音楽・ダンス・折り紙・応援
ボランティア・タブレット・アーティスト・
かんぱい・クイズ・調べ等

展開

01 経験をもとに意見を出し合う

クラス替えがある場合、前年度の各クラスによってシステムが違うことが予想されます。教師側でアイディアはもちつつも、子供たちから情報を集め、主体的な意見を尊重します。子供たちの活躍や個性が光りそうなものは引き続き取り入れましょう。

02 当番活動の実施と見直し

「当番」は学級にあると、暮らしがスムーズになるものを設定します。担当は一人一役や少人数等にし、個々が責任もって取り組めるようにします。2〜3週間程度活動し、仕事量や人数など課題が見えてきたら、その都度話し合いを設け、修正を提案しましょう。

個性が生きる係活動

みんなを楽しませる係（会社）活動。子供たち自ら考えた企画がクラスを成長させます。

お祝い係。手紙（上）や黒板（下）、ノート等で誕生日を祝います。

03 係活動の実施と見直し

「係活動（会社活動）」は、人数や性別にこだわらず、子供たちの希望を優先し、活動できるようにします。係活動での自由な企画、運営が自信となり、学校での活躍につながっていくことが期待できます。適宜、活動内容の見直しも行いましょう。

04 つながる環境づくり

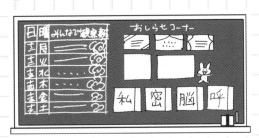

係活動の情報スペースを確保し、盛り上げを後押ししましょう。また、係同士のコラボを促したり、行事と係活動の内容を関連させたりする工夫は後に委員会活動などにも生かされます。子供たちの企画には、教師も参加し、一緒に楽しむことも大切かもしれません。

委員会・クラブ

▶指導のポイント

　委員会は、組織の一つとして学校を支える大切な役割を担っています。5年生での経験を生かし、率先して活動できるように指導しましょう。また、6年生は5年生に学校の特色を継承していく役割もあります。活動を教えながら、協力して企画を達成できるようサポートしていきましょう。クラブ活動は、自分が得意なものに所属し、下級生との関わりを築きながら、自らも学校生活を楽しむ大切さを伝えていきたいです。

▶ねらい

　学校を日常的に支える委員会活動と学校の特色を彩るクラブ活動を通し、リーダーとして下級生と関わります。学校をよりよくしていく意識と思いを後輩たちに引き継ぐ心を育てましょう。

あいさつを盛り上げる活動を考えようよ！

いいね！

どんなことをしようか

展開

01 個性が活かせる場に所属する

　どの委員会、クラブに所属するかで、個々の輝きも変わってくるでしょう。生き物が好きな子、読書が好きな子、体を動かすのが好きな子、下級生と関わるのが好きな子など。子供の希望と教師の願いをすり合わせ、可能な限り適任な居場所に配置しましょう。

02 初回活動前の指導と声かけ

　2年連続で同じ委員会・クラブに入った場合、自信をもって長や副長、書記等のポジションを担い、学校の伝統継承を意識できるよう指導します。5年生時と所属が変わる子供もいるので、子供同士で情報交換をする時間を確保し、初回活動に送り出しましょう。

「あいさつを盛り上げる」活動

「学校内のあいさつを盛り上げよう」と、休み時間に
活動する企画委員会と保健委員会のコラボ活動。

03 常時活動の様子を担当の先生から聞く

委員会やクラブ活動の大きなイベントは、年に数回しかありません。そのときの頑張りを認めるのも大切ですが、日々の常時活動の様子に目を向けたいところです。６年生担任も日々、自分の担当で忙しいからこそ職員同士の密な情報交換も大切になってきます。

04 学級の係活動を活かす

学級での活動エネルギーを委員会やクラブ活動へ転用させましょう。学級でうまくいくことは学校規模にも活かせます。逆に、学校課題を学級にもちかえり、意見をもらうのも効果的です。互いに刺激し合い、自分たちで学校をよりよくする楽しさを味わわせましょう。

縦割り班活動

▶ ねらい

　縦割り班活動の目的は異学年交流です。小グループのリーダーとして下級生をサポートしたり、自ら輪に入ったりして、交友関係を築く大切さに気付けるようにしましょう。

▶ 指導のポイント

　縦割り班活動は、少人数グループで構成されるため「6年生の誰もがリーダー」になることができます。そのため、人前に出るのが苦手な子でも、リーダーシップがとれることが求められます。しかし、全員が最初からはできません。今まで無意識だったところに気付きが生まれ、悩むところから始まります。「6年生だからできて当然」と突き放すのではなく、一人ひとりの特性と困り感に寄り添い、一緒に運営していくことが大切です。

▶ 交流をサポート

　多様な子供たち同士が交流する縦割り班活動です。大人である私たち教師でも、他学年の子供たちの個性を把握するには時間がかかります。子供たち同士のトラブル等も、時にはあるかもしれませんが、一緒に関わり方を考えサポートしていきましょう。関係づくりが難しそうなときは、その学年の先生にも協力していただくなど、チームでよりよい方法を見つけていけるといいですね。

展開

01 グルーピングは担任の先生と

　子供たちには一人ひとり個性があります。その個性がよい方に引き出されるよう、できる限り配慮して、グルーピングしましょう。一つのグループに6年生が複数人入れる場合は、子供たちが互いにサポートし合えるようなメンバー構成を意識して組みましょう。

02 初回活動の準備をする

　年間活動予定表を渡し、縦割り班活動の回数と活動内容を把握させましょう。その後、初回の自己紹介や自由遊びの話し合い等の活動イメージをもたせます。全学年が楽しめそうな遊びは6年生だけで事前に出し合っておくと安心してリーダーシップがとれそうです。

リーダーシップを育てる班活動

少人数グループなので、一人ひとりの個性が生かされやすいです。下級生をサポートしたり、活動回数を重ねていくことで、リーダーシップが育まれていきます。

03 反省と悩みを共有する

大丈夫?

初回活動を終えたら、反省会を設けましょう。最初はうまくいかないことも友達と同じ目線で悩みを共有することで、気持ちがすっきりしたり、アイディアが浮かんだりします。特定の下級生の子との関わり方についてはその担任の先生にも伝えておきましょう。

04 5年生に引き継ぐ意識をもつ

1年生にはゆっくり話すといいよ

活動回数を重ねた頃には、リーダーとしての振る舞い方が分かってきます。その成長を認め、頑張りに自信をもたせましょう。また、委員会やクラブと同様、徐々に5年生にリーダー意識と活動の引き継ぎができるよう、5年生担任と計画を立てていくことも大切です。

給食

▶ねらい

これまでの配膳方法や細かなルールを見直し、よりよいものを考えていくことで、自分たちで学級を運営していく素地を養っていきましょう。

▶指導のポイント

子供たちは既に、配膳方法や、手洗い、食べ残し・おかわりの仕方、食後の過ごし方などのルールは把握しています。これらを見直すとともに、当番以外の子たちの動きも考えておきます。

また、学校給食は、「望ましい食習慣の形成」を図ることを目的とした活動でもあります。三色食品群の表やイラストなども掲示物として貼っておき、活用するといいでしょう。

▶配膳台の位置と動線に気を付ける

配膳方法には、各校・各学級によって、違う場合があります。

一般的なのが、バイキング方式のように、当番以外の子供たちが配膳台まで食事を取りに行く方法と、トレーなどに配膳できたものを乗せ、給食当番が配る方法。

どちらを採用するにしても、気を付けなければいけないのが、配膳台の位置と動線です。

右の図のようにして、子供たちがぶつかることのないように配慮しましょう。

こういったことを説明し、子供たちとよりよい方法を考えていくのもよい機会になります。いつか、「ここが問題だから、こう変えよう」と子供から提案が生まれるような学級づくりの素地が作られます。

その場合、定期的にその方法やルールを、学級で見直す機会も作りましょう。

展開

01 給食開始当日まで

当番の割り振りは、春休み中に考えておき、当番表なども作成しておきます。また、当番に欠席があった場合にはどうするかということも考えておきます。

手洗いから配膳、食事中・食後の過ごし方を含めた給食についての注意点やルールなどを確認したり、説明したりする時間を作りましょう。

案外、これまでの生活の中でうやむやになっていることもあるでしょうし、クラス替えがあった場合、ルールを統一しなくてはならないこともあります。それらを確認するためにも、チェックリストを作るといいです。

02 給食後

給食初日の帰りの会などに、簡単な振り返りを行っておきます。

例えば、準備をしている最中の、子供同士の声かけの様子でよかった点や、配膳方法の中でやりにくい部分はなかったか、もっとこうすると動きやすいなどのアイディアはないかなどを簡単に出し合う場を作るようにしましょう。

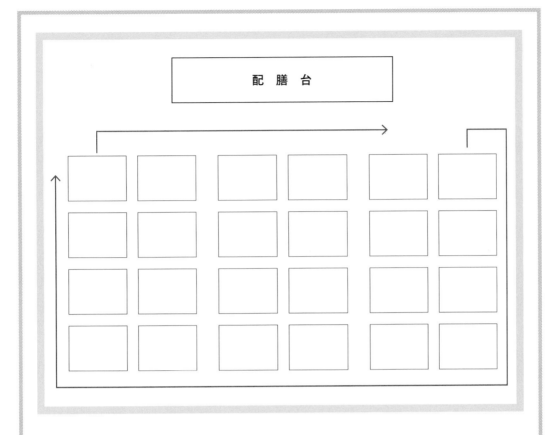

配　膳　台

給食指導見直しのためのチェック項目例

✓	項　目
	配膳中に、子供たち同士がぶつかりそうなところはないか
	当番の誰かが休んだときの対策はできているか
	給食前後のルールは、決まっているか
	配膳中の待ち方は、決まっているか

参観授業

▶ねらい

　子供たちの頑張りが、保護者の方たちに伝わるような参観日にしましょう。

▶指導のポイント

　新年度が始まって、1ヶ月未満ですが、参観授業中の子供の姿だけでなく、教室掲示などを通して、子供たちがどんなことを頑張っているのかが見えるようにしましょう。

　また、5年生からの持ち上がりである場合もあります。その場合、保護者の方たちは子供同士の関わりの変化に関心を抱いている方もいます。参観授業では、グループ活動などの学習形態を活用するのもいいでしょう。

子供たちの写真の掲示
普段から子供の活動を撮影しておきます。写っていない子がないように注意しましょう。

展開

01 参観日前日まで

　授業中や朝の会・帰りの会など、様々な場面で、1年間頑張っていきたいことは何かを聞きましょう。

　また、担任として大切にしていることを、機会を見て語ることも大切です。

　参観日が近づいてきたら、「こんな姿を見てもらおう」ということを話しておくと、参観日までに子供たちの意識も変わってきます。

02 参観日までの準備

　子供たちの頑張っていることやその成果などを掲示できるように、準備しておきましょう。上の【掲示物例】にもあるように、実物であったり、量として目に見えるものであったりを掲示しておくと、子供たちの意欲を高めることにも効果的ですし、保護者の方にも子供たちの頑張りが分かりやすくなります。

　また頑張っていることなどを、学級通信などを通して、知らせておくと、保護者の方の関心も高まります。

保護者の関心を高める教室掲示を

日々を綴った記録

日々の出来事を書きためておいて、それをフィルム風にアレンジして掲示します。見た目も楽しくすることでクラスの雰囲気を伝えることができます。

ノートなどの掲示

子供たちの頑張りも伝わるノートも掲示します。普段、どんなことに興味をもって学習しているのかも分かって、保護者も喜ぶはずです。

03 参観日当日

　いつもと服装が違ったり、少し落ち着かなかったりする担任の様子に対して、子供たちはとても敏感です。

　できるだけ、資料などの準備は早めに済ませ、日常と変わりのない過ごし方を心がけましょう。

　また、参観授業の中では、子供たちから思わぬ発言が飛び出すものです。そういうことへの対応も、事前に考えておくと、慌てることなく対応できます。

　さらに、日頃から、たくさん褒めることも意識しておきましょう。この日だけ大げさに褒めてしまうと、わざとらしくなってしまいます。

04 懇談会

　新年度初めての懇談会。

　この懇談会は、担任の思いや、子供たちの新年度が始まってからの様子を伝えられる貴重な場です。

　そのためにも、しっかりと資料を準備しておくようにしましょう。

　学級経営案や予算案（修学旅行など）、年間計画とともに、休憩時間の子供たちの姿や学習中の姿などを、写真を通して紹介するのも、保護者の方に伝わりやすいです。

家庭訪問

▶ねらい

「この先生なら任せられるかも」と信頼関係の第一歩を踏み出せるような家庭訪問にしましょう。

▶指導のポイント

家庭訪問は年に数回しかない保護者と一対一で話をできる貴重な時間です。ただ、家庭訪問のある4月の時期は、期待というより不安感の大きい保護者もいます。どんな先生なのか、自分の子はこのクラスでやっていけるか、分からないから不安なのです。

何事も保護者対応は「先手」が大事です。少しでも保護者に信頼してもらえるように、事前に子供の情報をできるだけ集めて、伝えるようにしましょう。

▶雑談を心がける

家庭訪問は教師だけでなく、保護者も緊張しているかもしれません。緊張を少しでもほぐすために、雑談から入るのも一つの手です。

玄関付近は、こだわりが溢れています。

・家族写真を飾る
・人形を置く
・花や観葉植物を置く
・木造で統一する
・玄関の床はタイル張りにする
・おしゃれな絵を飾る
・好きな匂いの芳香剤をおく

「これは何の花ですか？」
「素敵な家族写真ですね！」
「大きな絵はどこで買ったんですか？」
「こんな玄関憧れます！」

こうやって話をすると、保護者の方は親切に答えてくれます。本題に入る前に、場の雰囲気を柔らかくできるといいですね。

展開

01 子供の情報を集める

新しいクラス、新しい担任となり、不安に思う保護者も一定数いるはずです。それは、学校内の様子が見えないからこそ生じる不安です。短い期間ですが、子供の頑張りや交友関係など、できるだけ多く情報を集めて、家庭訪問で伝えられるよう記録します。

02 感謝の言葉を積極的に伝える

担任からすると4月の忙しい時期の家庭訪問は負担かもしれませんが、それは保護者にとっても同じです。仕事を休んだり、家事の予定を変更したりして、都合をつけてくれています。「お忙しい中ありがとうございます」と感謝の言葉を積極的に伝えていきましょう。

家庭訪問の流れ

1. 自己紹介

「6年○組、担任の○○と申します。本日はよろしくお願いします」

2. 感謝の言葉

「今日はお忙しい中、時間を作っていただき、ありがとうございます」

3. 新学期が始まってからの頑張りを伝える

「○○さんの頑張っていることを見つけたので、伝えてもいいですか?」

4. 休み時間の交友関係を伝える

「5分休憩は△△さんと一緒にいることが多いです。昼休みは外に出て、ドッジボールをして遊んでいます」

5. 保護者の話を聞く

「おうちでの様子はどうですか? 放課後はどんなふうに過ごしていますか? 新年度のスタートということで聞いておくべきことはないですか?」

6. 確認すべきこと(アレルギー等)があれば、尋ねる

「4月はじめに出していただいた健康調査で、確認したいことがあります」

7. 挨拶して終える

「本日はありがとうございました。1年間よろしくお願いいたします」

個人面談

▶ ねらい

　学校の様子や家庭での様子を交流する中で、保護者の方との関係をよりよいものにしていきます。

▶ 指導のポイント

　保護者の方と一対一でゆっくり話をできる機会は一年の中でそこまで多くありません。保護者の方からの思いや悩みが出れば傾聴するという姿勢を基本的に大切にすればいいですが、なかには話をするのが苦手という保護者の方もいます。そこで、子供の頑張りや交友関係などをメモしたり、子供が書いた目標やノートなどを用意したりして、話のネタを教師側で持っておきます。子供の話で盛り上がる、そんな面談になるといいですね。

▶ スティンザー効果を意識した席配置

　座る位置によって相手への印象が変わるという心理をスティンザー効果と言います。

1. 向かい合わせは、敵対しやすい席配置です。
2. 斜め隣は、親しい関係になりやすい席配置です。

　一般的な向かい合わせの席も用意していますが、斜め隣も用意して、保護者の方に好きな方を選んでいただくようにします。

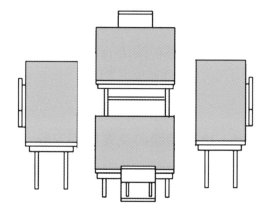

展開

01 子供の様子をメモする

　個人面談のためというわけではないですが、子供の日常の記録はメモしておくといいです。メモをしようと意識しておかないと、一日の時間はあっという間に流れていってしまいます。

・授業で活躍したエピソード
・毎日継続して頑張っていること
・友達に対しての優しい行動
・決めた目標に向かって取り組む姿
・休み時間の過ごし方
・交友関係

　こういったあたりを中心にメモしています。

02 保護者の方との面談

　「何を話すのだろう」と不安に思われる方もいるはずなので、個人面談メニューのようなものを作成します。事前にプリントとして配る、もしくは面談の待合席の前に置き、保護者の方に事前に流れを知らせます。
　面談当日はできるだけ抽象的なメッセージは避けた方がいいです。「授業はよく頑張っています」だと、どんなことを頑張っているのか分かりません。面談までに取っていたメモを見ながら、「授業の発表が印象的です。最初は分からないと言っていたのですが、友達の話を聞いて、発表できていました」と、できるだけ具体的なエピソードを伝えることを心がけましょう。

Menu

本日はお忙しい中、学校の方まで来ていただき、本当にありがとうございます！ 実りのある時間になればいいなと思います。よろしくお願いします！

学校での様子

子どもが振り返ったアンケートや目標シートを見ながら、
担任目線で子どもたちの様子をお伝えします。

お家での様子

子どもの口から聞くお家での過ごし方は様々です。「宿題、本気でしているよ！」
「ゲームの時間は守っているよ！」「お母さんのお手伝いをしているよ！」
そんなふうに伝えてくれる子どもが多いです。
お家で頑張っていることや困っていることなど、共有させていただけたらうれ
しいです！

質問タイム

せっかくの一対一でお話しする機会です。
なんでも気軽に聞いていただけたらと思います。

個人面談の際は、このメニュー表を見ながら進めます。　　　　集合写真

形成期

形成期 （メンバーを形成）	混乱期 （考え方、感情がぶつか り合う）	規範期 （共通の目標、役割分担 が形成され始める）	達成期 （学級として機能し、 成果を出す）
・お互いのことをよく知らない ・学級の共通の目標や明確には定まっていない ・子供たちの特徴や思い、考えなどが分かっていない	・子供たちの特徴や思い、考えに食い違いが起こり、人間関係などで対立が起こる	・学級の子供たちの特徴や思い、考えなどが共有され始め、統一感が生まれつつある	・学級に結束力が生まれ、相互にサポートができるようになる ・学級としてパフォーマンスを最も発揮する時期
4・5月	6・7・(8)・9・10・11・12月		1・2・3月

　連休はゆっくり休めましたか。4月の1ヶ月間の疲れは取れましたか。連休を楽しみに過ごされている方もいることでしょう。でも、残念ながら、もうしばらくは連休はありません……。悲しいですね……。

　ということを子供たちも思っているかもしれません。だから、連休明けは、**ボチボチスタート**していきたいものです。

情報をしっかり伝えよう

　6年生は係活動、行事など他の学年に比べても、子供たちに伝えないといけない情報がたくさんあります。子供たちに伝え忘れており、子供たちが困った……ということがあると、子供たちの信頼を一気に失います。

　そうならないために、子供たちにしっかりと情報を伝えるようにします。そこで、使うのが、ICTです。

　例えば、Google Classroomを使い、

といったようにアップしておきます。連絡を聞いた瞬間に、打ち込んでおきます。そうすることで、伝え忘れがぐっと減ります。

　子供たちには、朝来たら必ずチェックをするとか、チェックする時間を設けるようにしておきます。これを見て、全体に連絡をする連絡係を作ってもいいかもしれません。

　少し高度な使い方として、カレンダー機能を使うこともよいでしょう。子供たちも各委員会などでクラス全体に伝えておかないといけないことなどが出てきます。そういったときに、子供たちも書き込みができるようにしておきます。

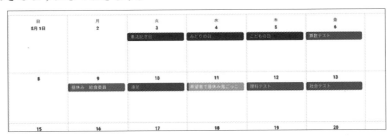

5月で紹介する項目

　この5月では、以下の行事や出来事について紹介をしていきます。

・運動会①②
・席替え
・学級会①
・6月危機に向けて

　学級会で上記のタブレット端末を用いた方法について、みんなで話し合うといいかもしれませんね。

運動会①

▶ ねらい

小学校生活最後の運動会、練習の過程を大切にしながら、学級集団を高めていきます。

▶ 指導のポイント

おそらく多くの学校では、運動会の1ヶ月前くらいから練習を始めます。理想の姿になるように、1ヶ月という短い期間で練習を重ねるのですが、どうしても「そろっていない」、そんなマイナスな姿が目立ってきます。

高めていくという視点で見ると、日々の練習を重ねるうちに、「そろっていく」「子供の関係性が良くなっていく」、そんな場面が出てくるはずです。そういう姿を当たり前と思わず、プラスの声かけをしていきましょう。

▶ 運動会の導入に願いを込める

どの学年であっても、運動会は子供と共に作り上げていくことを大切にしています。最初は教師側から「運動会に込めた願い」を話します。話すというより、語るという言葉の方が合っているのかもしれません。

運動会では、時間の制限や使用する曲の決定、取り入れるパフォーマンスの選択など、教師側の方で決めることが多いですが、全てを決めてしまうと、「やらされている感」が強まるかもしれません。

運動会という学校行事は、特に学級集団を高めていくよい機会です。子供たちがお客様状態になるのではなく、「自分たちで決める」「自分たちで作り上げる」ように、子供を巻き込む導入を心がけましょう。

展開

01 運動会の練習

運動会の練習では、どうしても「できていない」姿が目に入りやすくなります。全員ビシッと決めているときに、何人かが別の動きをしていると、その動きが目立つわけです。「そろっていない」と全体に厳しい声かけをすることも必要かもしれませんが、そろい始めている姿を価値づけたり、そのそろい具合を動画で見たりすることも大切です。

02 運動会当日

運動会当日は、学級集団として成長してきたことを価値づける語りをします。きっとすべてうまく進んできたわけではないはずです。意見の食い違いでぶつかったり、振り付けが覚えられなかったり、そんな苦労した思い出を伝えながらも、友達に振り付けを教えたり、さっと時間に合わせて行動したりと、集団としての成長を、当日子供に伝えてあげましょう。

運動会に向けて

今回のメインソングは○○の『■■■』という曲にしました。
曲の一部の歌詞を紹介します。

（中略）

高学年は、運動会の最後の種目を担当することになっています。
5、6年生38人の力が合わさった、一つにそろったパフォーマンスを見せたい！
いや、魅せたい（感動させる意味を含む）！ そんな思いがあります。
ただ、それだけで終わらず、一人ひとりの旗が混じり合う中で、
歌詞にもあるように（○○○○○）と、
自分らしさを大切にしたパフォーマンスを入れていきたいと考えています。

6年生にとっては、小学校生活最後の運動会です。
そして、この高学年のパフォーマンスは最後の種目となります。
どんな思いを込めて、どんな舞台を創り上げますか？

5年生にとっては、ようやく高学年の仲間入りをした始まりの運動会となります。
6年生の最後の舞台をぜひ支えてもらいたいです。
でも、支えるで終わらず、本番は6年生と違った色でしっかり輝いてもらいたい。
そう思っています。

先生たちは、全力でサポートすると約束します。
毎日、どんなパフォーマンスがいいのか、どんな動きならできそうか、
と放課後に話し合っています。これまでも話し合ってきたし、これからも話し合います。
みんなが最高に輝けるように、一生懸命がんばります。

ただ、運動会本番、主役になるのは、先生たちではなく、38人のみなさんです。
38人全員が一つになったパフォーマンスをし、
一人ひとりが自分らしく輝いたと胸を張って言えたとき、運動会は大成功だったと言えるでしょう。

練習は10回ほどです。<u>**一回一回を大切にして、最高の舞台を共に創り上げていきましょう！**</u>

運動会②

作り上げていくか、全員で目標を明確にし、取り組めるよう指導していきましょう。

▶ねらい

　地域の方と連携して運営する経験を通し、地域住民の一員として学校を支える喜びを味わわせます。また、伝統ある行事を成功させることでリーダーとしての自信と愛校心を育みましょう。

▶指導のポイント

　運動会は、地域住民や保護者の方々と運営する、大きな学校行事になります。6年生は自分たちの種目を待ち望む傍らで、様々な役割に分かれ、競技の進行や下学年へ関わり、意欲的な参加を促すことが求められます。

　学校によって運動会のもち方は様々ですが、集団づくりの基盤となる春の行事であることは同じです。「自分たちの運動会」をどのように

▶運動会を盛り上げる応援マスコット

チームの応援マスコットの衣装を作ることで、クラスや学校全体の一体感を高めることができます。

展開

01 運動会は全員で作る意識

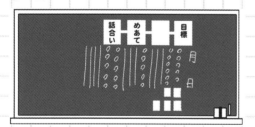

　6年生を中心に全員で作り上げる意識をもたせましょう。紅白やクラス対抗で競い、団結力を高めることも大切ですが、最高学年として「○○小らしい運動会」を作り上げる役割があります。学級や学年、代表委員会等で話し合いを積み重ね、目指す姿を定めましょう。

02 団結力を高める工夫

　学校によって運動会の在り方は違います。学級内で敵同士になる瞬間があるかもしれませんが、「盛り上げる」「楽しむ」「成功させる」などの意識は共通してもちたいものです。子供たちのアイディアをもとに学級旗やスローガンなどを作成し、意識を高めましょう。

黒板に運動会への想いを！

実際の黒板の写真。全員がメッセージやイラストをかくことで、最後の運動会を盛り上げていきます。

03 団体演技は誇りをもって

団体演技は、チームの垣根を越えた運動会の華です。ソーラン節、マスゲーム、ビッグフラッグなど6年生だからこそ魅せられる表現があります。「静と動」を意識させた振り付け、フォーメーション等を子供たちと考え、主体的な演技になるよう指導しましょう。

04 思い出と学びを次へ つなげよう

運動会は準備や練習に時間をかけた分、とても盛り上がります。だからこそ、終わったときの喪失感も大きいです。春季の運動会は大切な思い出であり、通過点です。積み上げてきた時間や学びが今後の日常生活につながるよう意識して声をかけていきましょう。

席替え

▶ねらい

コミュニケーションの偏りを防ぎ、人間関係を広げていく中で、仲間と協力することを学び、学習への前向きな気持ちを高めていきます。

▶指導のポイント

席替えをするとなると、「仲のいい友達と横になりたい」という声が聞こえてくることも少なくありません。また、席替えをした後に、納得いかなかった場合に「えー」と言ったりすることもあるでしょう。

席替えは何のためにするのでしょうか。先生によって目的は異なるかもしれませんが、その目的を席替えの前に、子供に伝える必要があります。その目的を達成できるように、席替えがあることを伝えたいですね。

▶前の席の価値を高める

劇団四季のチケットは、座席によって値段が変わります。3倍近く違います。

C席：　　4000円
B席：　　7000円
A席：　　9000円
S席：　　11000円

そこで、子供たちに尋ねます。「なぜS席が高いと思いますか？」子供たちは、「劇を近くで見ることができるから！」と答えます。S席の理由はそれだけではないかもしれませんが、「見やすい特等席」だから値段が高いというのは間違いないです。

そこで子供にこう伝えます。「教室の中でのS席はどこだと思う？　そう、前の方の席だよね。コンサートだとS席は高いけど、教室の中のS席は無料です。ただで、特等席に座れます」

6年生にもなると、前にくるのを嫌がる子供が多いです。前にくるようなきっかけを、こういう話で作り出していきます。

展開 01　席替えはアンケートを取る

教師が決めた席よりも、子供が自分で決めた席の方が、積極性が見られます。教師が十分に配慮して決めた座席であっても、「一番前は嫌だ」や「後ろの方がいい」と文句が出ては、席替えの目的が子供に伝わっているとは言えません。

そこで、子供自身が席を決められるように、アンケートを取ります。主に三つの質問を全体の場でするようにします。
1．視力や席の場所で見えにくいこともあるから前の席を希望する人？
2．一番後ろでも頑張れるという人？
3．前の方で友達や先生の話を聞いて、勉強を頑張りたい人？

1について
「見えにくい」や「見えない」は学習意欲に大きく悪影響を及ぼすので、このアンケートで手を挙げた人は必ず前の席にします。

2について
「あまり当てられない、見られないから後ろがいい」という楽思考を許さず、後ろでも頑張るという前向きな気持ちを価値づけます。

3について
前の席は黒板と近いので見やすいこと、そして教師が近くで見られる分、困っていることに気付きやすいというよさも伝えます。

席替えの意図を問う

なぜ、S席が高いと思う？

見やすいから！

何のために席替えをするのか、子供たちにはその目的を伝えます。
また、劇場のS席を例に挙げて、前の席に来ることをよさを共有します。

02 席替えの合言葉は「オセロ」

アンケート結果をもとに、教師が席を決定します。6列構成の場合は、こうなります。

1・2列目　視力関係で前にくる子供
　　　　　前の席で頑張りたい子供
3・4列目　どこも手を挙げなかった子供
5・6列目　後ろでも頑張る子供

前列と後列に「頑張る」と決めたやる気の高めな子供が集まることになります。そこで、次のような語りをします。

（席替えの語り）

先生が目指したいのはオセロです。まだまだ不安だなという人が真ん中あたりに集まっていて、「よし、頑張るぞ！」と決めた人が前と後ろに集まっています。前と後ろの頑張るパワーで、真ん中の人を挟んでほしいです。

その中で、真ん中の人が「よし、頑張ってみよう！」と、いつか前や後ろの席を希望するようになってくれたら先生はとてもうれしいです。クラスみんなが、頑張ろうとするそんな色に変わることを願っています。

学級会①

▶ねらい

係活動や当番活動の計画の見直しや修正をさせ、活発化させましょう。

▶指導のポイント

係活動や当番活動に限ったことではありませんが、計画の見直しと修正は、定期的に取り組ませましょう。

特に、この最初の見直しは、「こういう観点で見直せばいい」とか「こういう修正が大切だった」というふうに、今後の参照事例にもなるので重要です。

子供たち一人ひとりの学級への所属意識を高めるためにも、こうした機会を大切にしていきましょう。

▶普段から発言を価値づけるようにする

朝の会や帰りの会など、毎日の話し合いでも発言を促し、クラスで共有するようにする。子供たちから建設的な意見が出たときには、「それはいい考えだね」と評価したり、「他の係でもできそうかな」と全体に広げてあげると議論がより活性化します。

展開

01 係活動や当番を決めるとき

簡単でいいので、「いつ」「どこで」「どんなときに」「どのように」「何を目的に」「どんなことをするか」という計画を立てさせます。

02 日常場面

朝の会や帰りの会などで、「こんなこと頑張っていたね」とか「ここをこうすると、もっとよくなるかも」というような、評価やアドバイスをします。
また相談にも乗るようにしましょう。

グループになって定期的に話し合う

定期的に係のグループになって話し合うことで、係の活動をよりよくしようとする意識を高めます。最初はうまくいかなかったことも、何度も話し合うことでうまくいくようになっていきます。

先生は基本的に聞き役に徹し、必要に応じてアドバイスをするようにしましょう。

03 学級会で見直す

それぞれの係（当番）のグループに分かれ、1ヶ月取り組んでみて、うまくいったことやうまくいかなかったこと、その原因や対策などを考えさせます。学級のみんなへのお願いなども考えさせるのもよいでしょう。

04 学級会後

もっといい方法はないかな

今日の活動はうまくいかなかったね

月に一度、定期的にこういった時間を取れるとよいのですが、そういうわけにも行かない場合が多いです。そのためにも、自分たちで時間を見つけて振り返れるように声かけをしていきましょう。

6月危機に向けて

▶ ねらい

　子供の素直な反応が出やすい時期です。子供の新たな一面を知るいい機会と捉えて、一人ひとりの子供と丁寧に向き合っていきましょう。

▶ 指導のポイント

　4月から張り切って過ごしてきた最高学年の生活も、緊張が解けてくる時期に突入します。そうすると、言葉遣いの荒れや、人間関係のトラブル、6年生としてのリーダー意欲の低下など、子供のマイナスな行動が見えてくるかもしれません。ただ、そういった行動は、6月だから起こるというわけではなく、その子供なりの理由があるはずです。マイナス行動をなくす直接的な言葉かけではなく、しっかり向き合うことを大切にします。

▶ 6月頃に子供に伝える話

　4月に比べると、子供との心の距離は縮まり、信頼関係も高まってくる時期です。そんなときだからこそ、子供に次のような話をします。

　「先生は何かあってからだと遅いと思っています。例えば『最近、頭が痛いな』と思っていて、『まあ、いいか』とずっと気にしないふりをしていたけど、ある日突然パタっと倒れて病院に運ばれたとしたら、きっと後悔するでしょう？『頭が痛い』と思ったときに、まわりの人や病院の先生に言えばよかったと、後悔すると思います。

　学校の中でも、同じことが言えるはずです。もし先生がこのクラスの誰かから『いじめられている』『もう学校に行きたくない』と報告を受けたら後悔します。そんな辛い思いをする前に、先生に何かできたんじゃないかって。だから、そうなる前に、ちょっと気になることがあれば、すぐに相談してほしいです。『こんなこと、相談してもいいのかな？』ということでもいいから相談してほしいです」

　大切なのは「雑談→相談」。子供と話をして、相談してもらえる関係を目指しましょう。

展開

01 2ヶ月の生活を振り返る

　4月に立てた個人目標を振り返ります。全然できていないという子供もいるかもしれません。「できていない」ことよりも、「できていること」に注目できるように声をかけ、時には教師から成長を伝えます。2ヶ月間の目標への取り組み具合を確認します。

02 学級目標を振り返る

言葉を大切に

　4月・5月と子供たちが目標に向かって挑戦してきたことは多くあったはずです。特に学級目標はクラスを高めていくために、みんなで作り上げたものなので、その方向性に向かって歩んでいるかどうかは、この時期にしっかり振り返っていきたいものです。

掲示もポジティブな言葉かけを！

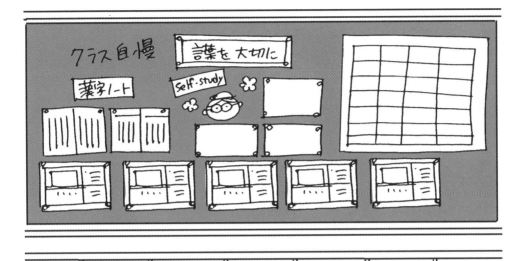

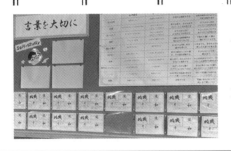

子供のマイナスな行動をなくすためにも、言葉の大切さはもちろん、ポジティブな言葉かけを意識させるように掲示も工夫しましょう。

03 一人ひとりと面談をする

子供が4月に書いた目標シートや振り返りシートを見ながら、教師と子供で振り返りをする面談の時間を取ります。ただ、この面談は1時間の授業時間の間にすべて取れるわけではありません。時間を見つけながら、少しずつ行っていくといいです。

04 6月危機に持っておきたい考え

子供のことを100％理解することはできません。だから、少しでも多く、子供の目に見える行動と、その裏に隠された目に見えない思いを知ることが必要です。

「あれ？ 最近のクラスなんだかおかしいな」と担任の先生が違和感を覚えたら、それは6月危機に入る兆候かもしれません。

ただ、まだその違和感を覚えている時期は、クラスが荒れているわけではないでしょう。大切なのは、未然防止です。クラスが荒れ始めると、どうしてもその荒れを抑えるための厳しい声かけが多くなっていきます。そうなる前に、子供の不安感ややる気が起こらない状況に寄り添って、コミュニケーションを図ることを心がけていきましょう。

混乱期だからこそ原点回帰を！

混乱期到来

形成期 （メンバーを形成）	混乱期 （考え方、感情がぶつかり合う）	規範期 （共通の目標、役割分担が形成され始める）	達成期 （学級として機能し、成果を出す）
・お互いのことをよく知らない ・学級の共通の目標や明確には定まっていない ・子供たちの特徴や思い、考えなどが分かっていない	・子供たちの特徴や思い、考えに食い違いが起こり、人間関係などで対立が起こる	・学級の子供たちの特徴や思い、考えなどが共有され始め、統一感が生まれつつある	・学級に結束力が生まれ、相互にサポートができるようになる ・学級としてパフォーマンスを最も発揮する時期
4・5月	6・7・(8)・9・10・11・12月		1・2・3月

さぁ、いよいよ6月です。

　教育雑誌を見ていると、6月危機・6月クライシスなどの6月に学級崩壊するといったことをテーマの特集が組まれていることがあります。これだけ特集を組まれるということは、そのような傾向があるということです。

　このとき、**何をもって学級崩壊というかというところを改めて考える必要があります。**

　4・5月とは違う動きを子供がするから学級崩壊？

　トラブルが増えたから学級崩壊？

　授業中に子供たちの私語が増えたから学級崩壊？

　これら三つのことは本当に学級崩壊になるのでしょうか。見た目はそのように見えるかもしれませんが、実は学級崩壊ではないのかもしれません。だから、恐れすぎずに取り組んでいくことが必要です。

　6月からは混乱期です。4・5月の活動によって、**子供たちはお互いのことを知るようになっています。**

　お互いのことを知ることができているから、知ることに偏りがあるから、知ることに不足しているから、子供たちの間にすれ違いが起こり、喧嘩やトラブルなどが発生してしまいます。

　喧嘩やトラブルなどの対応は、とても大変なことです。しかし、混乱期がなければ規範期、達成期はやってこないということを忘れてはいけません。喧嘩やトラブルが起きたときには、真摯に対

応していくしかありません。

　そして、全国各地にいる**学級づくり名人**でも混乱期はあるということです。誰もがこの混乱期は悩むということです。

　また、4・5月に先生側でできていなかったことが積み重なって、できていたことをしなくなって、形成期の子供たちの様子を見て油断してしまって、その結果、混乱期になることもあります。

　だから、改めて原点回帰をしましょう。

　4月にこの子たちを受け持ったときどんな気持ちだったのかを思い出し、4月にどんなことをしていたのかということを思い出し、改めて気を引き締めて取り組んでいきましょう。

　これらのことは6年生以外でも言えることです。これを書きながら、自分にも言い聞かせています。

6月で紹介する項目

　この6月では、以下の行事や出来事について紹介をしていきます。

・登下校の指導
・プール清掃
・修学旅行①
・6年生ミッション①

4月　5月　**6月**　7月　8月　9月　10月　11月　12月　1月　2月　3月

登下校の指導

▶ねらい

　登下校の訓練を通して、最高学年としての意識を高めさせましょう。

▶指導のポイント

　集団で登下校を行っている学校の場合、訓練では、地区ごとに分かれて集まることが多いです。このとき、6年生がそれぞれの地区のリーダーとしての役割を担わなくてはいけません。

　事前に、朝の待ち合わせ場所の確認や待ち合わせ時刻を確認させ、訓練に臨むようにさせましょう。

▶機会指導として

　6年生が最高学年としての意識をもちやすいのは、下学年の子供と関わっているときです。そういった意味では、登下校中に下学年の子たちと関わる機会は、最高学年としての自覚を養う、貴重な機会と捉えられます。

　特に、1年生には、道の歩き方などの安全面とともに、挨拶についても教えてあげてほしいということを、6年生の子供たちに伝えておくといいでしょう。

展開

01 訓練前

ゆっくり歩いて
あげましょう

　はじめのうちは、下学年の子たちをお世話しながら登下校することに、難しさを覚える子もいます。ゆっくり歩いてあげることや、他の子と協力することなどをアドバイスしてあげましょう。

02 訓練直前

　何度か下学年のお世話をしながらの登下校を繰り返していると、困っていることなども出てきます。そういったことを出し合える場も設定します。

　またこのときに、朝の待ち合わせ時刻などの確認も行うとよいでしょう。

プールをきれいにして夏の思い出にする

プールの中だけでなく、プールサイドやトイレ、更衣室等も清掃します。事前に役割を決めて効率よく行います。

清掃が終わったら、みんなで集合写真を撮ります。清掃前の写真と見比べるとその綺麗さは一目瞭然。子供たちの頑張りを褒めてあげましょう。

03 みんなで協力して清掃する

　プールの中だけでなく、プールサイドやトイレ、更衣室、シャワー室等、清掃する場所はたくさんあります。子供たちの役割を振り分け、エリアごとに担当教員も配置しましょう。時間で区切って清掃担当場所をローテーションさせることも、作業の平等化と効率化が図れます。作業場を固定させる際には、自分の担当場所が終わったら、別の場所を手伝う等の指示を出しておくと、見通しもてて、自ら活動する時間を過ごせそうです。プール清掃は体力的にも精神的にも、きつい作業になります。水分補給の時間を十分に確保しましょう。活動中はBGMを流すなど、楽しく時間を過ごせるような工夫をしてもいいですね。

04 清掃後の写真を使って事後指導

　各清掃場所がきれいに整ったら、清掃後の状態を写真に収めておきましょう。清掃前の写真と比較すると、子供たちの頑張りがよく分かります。また、自分が担当していない場所の写真も見ることで、お互いに協力して活動できたことを認め合う機会にもなります。

　最後に、プールと一緒に集合写真も撮って教室や学年掲示板に飾っておきます。「下級生へのメッセージ」があると、6年生の頑張りが見える形で他学年へ伝わりやすくなります。水泳学習が始まったら、「みんながきれいにしてくれたおかげで〇年生が楽しそうだね」などの言葉がけをし、地道な自分たちの頑張りが、下学年の笑顔につながる実感をもたせましょう。

修学旅行①

▶ねらい

日常とは違った環境の中で活動することを通して、楽しい思い出を作らせるとともに、よりよい人間関係を築かせる機会にしましょう。

▶指導のポイント

学級の雰囲気や人間関係に、直接的に大きな影響を及ぼす行事の一つが修学旅行です。

だからこそ、学年団での入念な打ち合わせが大切になります。

また、子供たちの中に、「修学旅行を成功させよう」というような投げかけをしておくと、修学旅行について、それぞれができることを考えるきっかけになります。

▶楽しい思い出にするために①

修学旅行が終わった後の姿をしっかりとイメージし、子供たちにそれを具体的に伝えておくのも、楽しい修学旅行にするための一つの手立てです。

・学級の仲間の新たな一面
・自分自身の新たな一面

このようなことも発見できるように促しておくとよいでしょう。

仲間との関わりが変わったり、自己認識が変わったりすることもあるということを伝えておくのもよいでしょう。

▶楽しい思い出にするために②

行き先については、あらかじめインターネットなどから得た情報や写真を子供たちに見せておくと、子供たちは具体的にイメージすることができます。

そうした活動を通して、旅行中の活動などを具体的に計画させるとよいでしょう。

展開

01 学級で話し合う

学級で、どんな修学旅行にしたいかを話し合います。
ルールやマナー、役割などについて話し合いながら、学級での共通目標を作っていきます。決まった内容は、しおりに書き込ませるのもよいでしょう。

02 自分を見つめる

右ページ上にあるようなワークシートをタブレットなどで子供たちに配布し、記入させます。

特に、よりよい人間関係を築いたり、よりよい学級の雰囲気を作ったりしていくことを意識させたいです。

いざ、修学旅行！

修学旅行が終わったら、どんなふうになってるかな？

	学級の雰囲気	自分	学級の仲間とのかかわり
理想	【記入例】 ・いろいろなことをみんなで解決していけるクラス ・みんなが笑顔でいるクラス ・目標に向かってがんばるクラス	【記入例】 ・すばやく行動にうつすことができる自分 ・責任感のある自分 ・前向きにがんばれる自分	【記入例】 ・困っている子を見逃さない ・いろいろな子と関われるようになりたい ・○○さんともっと仲良くなる
方法	・旅行中の困ったことも相談し合う ・楽しいクイズを考えておく ・めあてをみんなに伝える	・5分前には、次の行動にとりかかる ・グループのリーダーとして、メンバーとの話し合いをまとめる ・それぞれの活動にめあてをもっておく	・グループで活動するときには、体調などの話もしてみる ・できるだけ、たくさんの人に話しかける ・○○さんと、好きなアニメの話題をしてみる

03 修学旅行当日

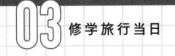
体調が悪くなったら言ってください

　子供たちにとって充実した修学旅行になるよう、健康面や安全面には、心配りをすることが大切です。

　なかには、不安を感じている子もいますので、その子への配慮も忘れないようにしましょう。

04 修学旅行後

　写真などを通して、思い出を振り返る時間を取ると、集団としてのまとまりが高まりやすいです。

　また、「キャリア・パスポート」などに、修学旅行を通して学んだことや自己への気付きなどを記入させるのもよいです。

6年生
ミッション①

▶ねらい

「挨拶」「言葉遣い」「きれいな学校」など、各学校で大切にしている合言葉を大切にしていくために、6年生が全校児童を巻き込んで、学校をよりよくしていこうとする活動の第1弾です（ここでは「挨拶」を具体例に紹介します）。

▶指導のポイント

「最近、挨拶するとき下を向いている子が多い」など、困っている声を聞いたときがチャンスですが、第1弾は担任から投げかけてもよいでしょう。上記の合言葉のようなものがない学校も、第1弾は「挨拶」をおすすめします（期間は1〜2週間程度）。まずは実行委員を決めましょう。必要な分担は、実行委員を中心に、子供たちとともに考えるとよいでしょう。

▶必要と思われる分担

〇実行委員
　企画、話し合いの進行など、中心となって動く
〇書記
　話し合いでの黒板書記とノート書記
〇ポスター
　ポスターを作成し、掲示する
　絵と文字で分けてもよい
〇放送
　給食時に放送で企画を周知する
〇各学級を回る
　各学級を回って一緒に活動する
〇記録
　各学級の取り組みを写真に残す
〇キャラクター
　学校のキャラクターがあれば、一緒に校内を回る。子供のアイディアを大切に、ネーミングも工夫する。

展開

01 学年集会で話し合う

話し合ってミッションを決めます。「挨拶」について、できていることとできていないことを挙げていきます。できていないところに目が行きがちですが、できていることを伸ばすのもよいですね。「自分から笑顔で挨拶をしよう」などと、具体的なミッションを決めます。

02 ポスターを作り、呼びかける

「6年生ミッション」と大きくタイトルを書いて、インパクトのあるポスターを作ります。みんなが読めるように、漢字には読み仮名をふります。学校のキャラクターなど、絵も入れて仕上げましょう。給食の時間等の放送で、全校に周知しましょう。BGMも効果的です。

挨拶の大切さを校内を回って伝える

げんきよく！
えがおで！
じぶんから！
あいさつをしよう！

学校のキャラクターがいれば一緒に
回りましょう。活動がより盛り上が
ります。

プラカードを掲げてみんなで校内を
回ります。元気よく挨拶すること
で、学校全体に挨拶の大切さを伝え
ることができます。

03 校内を回り、活動する

　朝、昇降口前で列を作ったり、昼休みに各学級を回
ったりして、6年生自らお手本となる挨拶をしながら
他学年の子と関わりましょう。できている子を褒め、
苦手な子とは一緒に活動しましょう。プラカードを持
つのも効果的。記録写真を残しておきます。

04 振り返り、次へつなげる

　給食時の放送で、よくできていた点を中心に振り返
りをしましょう。
　記録写真があれば、ミッションのポスターの横に掲
示して、「ミッションクリア」などと大きく書くことで
全校児童の達成感が得られるでしょう。

喧嘩やトラブルも子供同士の
関係づくりに役立てる!

混乱期と規範期の往還

1学期も残りあと少しです。あとひと踏ん張りです! 頑張りましょう!

形成期 （メンバーを形成）	混乱期 （考え方、感情がぶつかり合う）	規範期 （共通の目標、役割分担が形成され始める）	達成期 （学級として機能し、成果を出す）
・お互いのことをよく知らない ・学級の共通の目標や明確には定まっていない ・子供たちの特徴や思い、考えなどが分かっていない	・子供たちの特徴や思い、考えに食い違いが起こり、人間関係などで対立が起こる	・学級の子供たちの特徴や思い、考えなどが共有され始め、統一感が生まれつつある	・学級に結束力が生まれ、相互にサポートができるようになる ・学級としてパフォーマンスを最も発揮する時期
4・5月	6・**7**・(8)・9・10・11・12月		1・2・3月

　6月の混乱期が抜けたので規範期……というよりも、ここからの数ヶ月は、混乱期と規範期を行ったり来たりするのではないかと考えています。もしかしたら、まだ混乱期と思われる方もいるかもしれません。混乱期が抜けた! と油断をしてもいけません。また混乱期がくるかもしれません。7月から数ヶ月はそのようになることでしょう。

　7月もこれまでの月同様に、子供たち同士の関係を築いていくようにします。

　喧嘩やトラブルもそういった関係づくりの一助になる可能性があります。

　喧嘩やトラブルについての話し合いをするとき、自分が知らなかった相手の思いや考えを知ることになります。つまりは、相手のことを知ることで関係が築けるということです。

仕事は計画的に

　この時期は成績処理をはじめ、学年で取り組むことも多くあることでしょう。だから、計画的に行っていきたいものです。

　例えば、学年でそのような計画を立てる人がいない場合には、

① ○月△日の○時から
② どのようなことの話し合いをするのか
③ それまでに何をしておかないといけないのか

を提案しましょう。提案するのはちょっと……と思われる方もいるかもしれません。しかし、あまり、大きな声では言えませんが、自分で提案することで自分の都合のよいように計画することもできます。

　こういった学年で話をする場合、どの学年でも言えますが、ゼロベースで考えていくことは時間の無駄です。誰かがたたき台を作って持ち寄り、それについて話し合うことの方がはるかに効率的です。特に、行事などで話し合うことが多い６年生です。効率的に進めていきましょう。

学級写真を撮る

　定期的に学級の集合写真を撮っておくことをおすすめします。４月の最初に撮影することは多いと思いますが、学期末や行事ごとにも集合写真を撮っておきます。あとで見返したとき、身体的なところから顔つきまで４月のときに比べ変化していることでしょう。

　授業中も、たくさん撮影しておくのもアリです。個人面談で話す内容に困ったとき、成績表の所見で書くことに困ったときに写真を見返すと、その当時のことを思い出し、書けるようになるかもしれません。

７月で紹介する項目

　この７月では、以下の行事や出来事について紹介をしていきます。

・教室掲示①②
・終業式①
・プール指導

　しっかりと油断せずに取り組み、１学期を締めくくりましょう！

4月　5月　6月　**7月**　8月　9月　10月　11月　12月　1月　2月　3月

教室掲示①

▶ねらい

教室はいわば「ホーム」です。みんなが「帰って来たくなる」ような、温かい教室環境を整えましょう。ある程度こちらで計画を立てたら、子供たちと作っていく楽しさもあります。

▶ポイント

個人の作文や絵などの作品を掲示する場合、教師のコメントに気を付けましょう。全員に同じくらいの分量のコメントを書くのが好ましいのはもちろんですが、コメントを書かないなら全員にシールを貼るなどして、不平等感を生まないようにします。

また、写真を掲示する場合、顔と名前が特定されないようにするなど、管理職と相談しながら、個人情報への配慮も忘れずに。

▶掲示案は4月に決める

学校や学年で統一している場合も多いかもしれませんが、掲示計画は早いうちに立てておくとよいでしょう。教室の壁の面積と貼りたいもののバランスを考えながら計画を立てます。

（例）前面は授業に集中できるように余計なものは貼らずにすっきりとさせます。側面は個人スペースとし、全員分のクリアポケットを掲示して、作文などを入れます。後ろには学級目標や1年間の思い出写真など、面積を使うものや増えていくものを掲示します。

どこに何を掲示するか決まれば1年間がスムーズです。増えていく掲示物の場合、1学期は余白があっても大丈夫です。

学年掲示板のようなものがあれば、1年間を見通して、学年の合言葉を掲示します。1年間貼り替える必要もなく、毎日目にすることで、目指す姿が子供たちに意識しやすく、刷り込み効果もあります。

展開

01 学習の規律を示す掲示

6年生なので細かな学習規律は必要ないと思うかもしれませんが、教師が「これだけは」と思うものについては、掲示しておくことをおすすめします。

話し方・聞き方や反応の仕方、ハンドサインなど、授業の中で繰り返し使えるものや、意識させたいポイントとなるような掲示は何年生でも効果的です。

（例）話し方・聞き方、反応の仕方
　　　ハンドサイン、振り返りの書き方
　　　話し合いの仕方

02 担任の願いを込めた掲示

こんなクラスに！

ルールを守る

時間を守る

美しい教室

あたり前のことをやる

担任の願い（よく使う言葉や好きな言葉、大切にしたい言葉）を短冊状にして掲示しておきます。朝の会などで折に触れて話すとよいでしょう。そして、できているときには認め、価値づけてあげましょう。

学年掲示板に想いを込めた合言葉を！

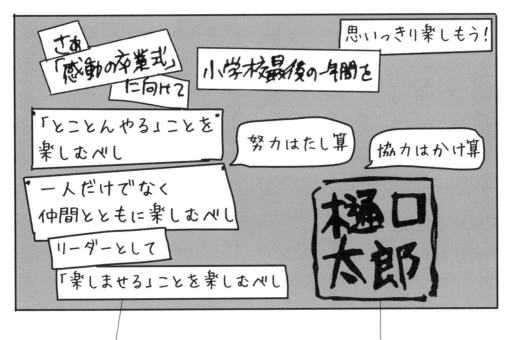

学年目標であれば1年間貼り替えなしでも構いません。毎日目にすることで子供たちが意識しやすくなります。

担任の名前を版画風にして貼ります。写真などでもいいでしょう。

03 みんなの頑張りが見える掲示

　学級のみんなで何か達成したら一つ増やしていくようなものがあると楽しいです。例えば「ビー玉貯金」など。みんなの頑張りが増えていくのが目に見えて分かると学級の成長を感じ、次への意欲へつながります。本物のビー玉の代わりにシールを使ってもいいでしょう。

04 子供たちと作る掲示

　「掲示係」のように学級掲示を考える係があってもよいですし、有志で「学級新聞」を作ってくれる子供を募集してもよいでしょう。
　また、図工の時間や休み時間を使って、折り紙や切り紙の作品や季節の掲示物を作って掲示するのもよいですね。
　子供の作品や子供が作ったものが掲示してあると、やはり温かみを感じます。

教室掲示②

▶ ねらい

　教室掲示を子供たちと計画し、作っていくことを通して、集団の所属感や参画意識を育みます。6年生の活躍や学び、思い出の足跡でいっぱいになる教室づくりを目指しましょう。

▶ 指導のポイント

　放課後等の時間に他学級の掲示をのぞいたことはありますか。そこに子供たちの姿はないのに、どのような学級集団なのかを想像できるのが教室環境の魅力です。掲示は学級や学年の特色を彩る一つの表現です。学習の足跡や思い出年表、係活動コーナーの工夫などを楽しみ、「子供たちの暮らし」をどんどん表現していきましょう。先生一人が頑張っても意味がありません。子供たちと考え、居心地のよい環境を作

り上げていきましょう。

▶ 教室掲示の例

①学習掲示物（2〜3週間程度で入れ替える）

　習字、漢字、四字熟語、新聞、詩、俳句、絵画、自主学習、作家の時間、長縄記録など

②学習掲示物（計画的に増やしていく）

　道徳の学び、学級会（クラス会議）で決まったこと、日直スピーチ、国語用語や算数用語など

③学級の特色コーナー（計画的に位置づける）

　思い出年表、学級旗、学級スローガン（右に掲示してあるもの）、行事のスローガン、学級で大切にしたい言葉、係活動、集合写真、誕生日、おすすめの本、季節の折り紙、いいところさがし、係活動掲示板、カウントダウンカレンダーなど

　掲示は手段の一つです。飾ることが目的にならないようにしましょう。また、教室内のスペースは限られています。1人1台端末を利用し、掲示以外の共有方法も検討していきましょう。

展開

01　期間限定掲示物

　単元の学習成果物は期間を決めて掲示をします。どんどん入れ替え、多くの学びをみんなで共有できるようにしましょう。その際、子供たちが自分たち自身で入れ替えられるよう、手が届くところに掲示スペースを確保することをおすすめします。

02　どんどん増える掲示物

　思い出コーナーや道徳や学級活動などの学びの足跡は1年間でどんどん増やせるよう、見通しをもって掲示します（例えば○○の木、○○のバケツなど）。掲示の形は、教師の方でアイディアはもっておきながら、子供たちにも尋ね、この学級らしい表現を試みましょう。

思い出の足跡になる掲示を

掲示物はどんどん増やしても大丈夫なように、計画的に掲示していきます。

03 自由な表現スペース

係活動やいいところ探しなど、子供たちが自由に表現できるスペースを確保しましょう。

子供たちが主体的に学び、気付き、表現できるよう、目標の高さに近い場所に掲示できることが望ましいです。

04 ユニバーサルデザインの意識を大切に

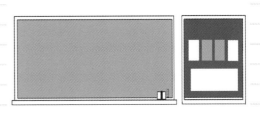

教室前面はすっきりとさせ、学習に集中できるようにしましょう。前面掲示物は、壁になじむ色にします。掲示物は、可能な限りは、教室の側面や背面など視覚刺激が少ないところに配置します。掲示目的を意識し、ニーズに合わせ、取捨選択していくことも大切です。

終業式①

▶学級ではこんな話を…

学級指導では、こんなことをしてみるのはどうでしょう。

> ① 通知簿でどんなことを評価したかという話
>
> ② 4月に話した理想のクラス像を振り返る
>
> ③ まわりの先生たちから見た6年生の姿を語ってもらうインタビュー動画の視聴
>
> ④ 1学期をハイライト風に、写真や動画で振り返る
>
> ⑤ 1学期に起こった出来事クイズ
>
> ⑥ 2学期に頑張ってほしいことの話
>
> ⑦ 集合写真

▶ねらい

2学期以降、さらに頑張れるように、一人ひとりの頑張りを伝えていきましょう。

▶指導のポイント

終業式とその日の学級での指導は、これまでの頑張りを認めることと、2学期以降に頑張ることをアドバイスする場にすることがポイントです。

また、学級全体の場で、褒めることも考えておきましょう。

個々の頑張りを評価するのもよいですが、「○○なクラスになってきたね」というように、学級集団としての育ちを評価することも大切です。

展開

01 終業式までに

終業式は、一つの節目になります。

よく、竹は節目があるから頑丈になると言われます。終業式の日も、まさに子供たちの頑張りを認め、励ますことで、その意欲を強くする機会にしたいものです。

そして、子供たちを励ますためのツールの一つが、通知簿です。励ますためには、できたことを評価すること以上に、頑張ろうとしていたことを見取っておくことが、とても大切です。その都度、励ましたり、そのことを認めるような声かけをしたりしておくことは、欠かせないでしょう。

そうしたことを、通知簿に記載したり、面談で保護者の方に伝えたりすると、より励ましとしての効果は高まるでしょう。

また、配布物がたくさんあります。終業式当日、配布物を配る作業だけで時間が取られることのないよう、前日、子供たちが下校した後、配ることができるものは、子供たちの机の上に置いておきましょう。

そうすることで、終業式当日は、1学期の振り返りも、十分に行えます。

1学期の様子を動画で振り返る

動画を流すことで、子供たちも楽しんで終業式を過ごすことができますし、2学期以降への意欲も高まります。

動画の内容は、1学期を振り返ることができる写真のスライドや、まわりの先生たちからのインタビューなど。子供たちがクスッと笑えるような出来事や話を入れるとクラスが盛り上がります。

02 終業式当日

　終業式では、校長先生の講話を聞く機会があります。多くの場合、全校的な頑張りや、夏休み中の過ごし方についての話をしてくれます。

　この講話の内容を、学級で担任が話をしようとしていた内容に結びつけると、子供たちにも伝わりやすいです。

　通知簿を渡す場面では、できるだけ、一人につき一言は声をかけるようにしましょう。

　「○○なとき、先生はうれしかったよ」というように、担任の感情も付け加えると、少し照れくさそうに、受け取る子もいます。

　学級指導の場面では、少し時間を取って、子供たちが落ち着いた雰囲気で話を聞けるようにしましょう。

　最後に黒板に、「2学期に頑張りたいこと」を書かせておくと、2学期のスタートに生きます。

　また、この日は、全員がそろうのが難しいこともあります。欠席している子にも必ず連絡を入れるか、家庭訪問するなどして、その子の頑張りなどを伝えるようにしましょう。

プール指導

▶ねらい

プール指導でも学級集団を高めるという意識をもって、子供同士のプラスの関わりや、安全に気を配る正しい行動を価値づけ、基本的な泳法を身に付けていきます。

▶指導のポイント

教室ではない非日常的な環境での授業となるため、教師も子供も気持ちが落ち着かなくなります。また、6年生では「クロール、平泳ぎ、安全確保につながる運動」のすべての泳法を身に付けさせようとすると、教え込みになってしまうことも考えられます。

プラスに行動している子供の姿を価値づけ、学級集団を高めていきましょう。

▶プール指導こそ普段の授業を意識して

プール指導となると、「ガンガン泳ぐグループ」と「苦手な子供に教師がつきっきりで教えるグループ」に分けられることも少なくありません。ただ、普段の授業では、学習が分からない子供に対して、他の子供が黒板を使って説明したり、ペアになってノートに書きながら教えたりしているはずです。

仲間と関わり合いながら、基本的な泳法を習得できるように場を設定する、そうすることで、学級集団を高めていくことができます。

展開

01 教室でオリエンテーション

プールの時間は、多くの子供たちにとって楽しみな時間となります。そのため、プール授業中は、他の授業と比べて、指示が通りづらくなります。そこで、プールでの過ごし方（安全面や入水までの流れなど）は、落ち着いて話を聞ける教室で指導をします。

02 クロールの基本的な指導

① バタ足を止めないこと
② ゆっくり大きく腕を最後までかききる
③ 呼吸のときに、耳と肩を離さない

②に関しては、ストローク数を決めて、それ以内に目標地点へ着くように声をかけます。

安全に気をつけながら学級集団を高める

水泳は得意不得意に分かれがちですが、だからこそ学級としての活動を大切にします。

入水までの行動や準備運動を一緒に行うことで集団としての意識を高めていきましょう。

---

03 平泳ぎの基本的な指導

① キックをした後に、しっかりと伸びる
② ゆったりとした平泳ぎを意識する
③ 息継ぎのときに、顎を上げすぎないように

①に関しては、より少ないキックで目標地点まで行けるよう声をかけます。

04 安全確保の基本的な指導

　海や川で泳いだりして、何かトラブルが起きた際、速く泳ぐことよりも、長く「浮いている」ことが命を守るために重要となります。
　そのため、「背浮き」や「楽な呼吸で長く泳ぐ」「補助具（ペットボトルなど）を利用して浮く」などを基本的な指導として取り入れます。

8月 夏休みにしかできないことに取り組もう！

ひとい期

形成期 （メンバーを形成）	混乱期 （考え方、感情がぶつかり合う）	規範期 （共通の目標、役割分担が形成され始める）	達成期 （学級として機能し、成果を出す）
・お互いのことをよく知らない ・学級の共通の目標や明確には定まっていない ・子供たちの特徴や思い、考えなどが分かっていない	・子供たちの特徴や思い、考えに食い違いが起こり、人間関係などで対立が起こる	・学級の子供たちの特徴や思い、考えなどが共有され始め、統一感が生まれつつある	・学級に結束力が生まれ、相互にサポートができるようになる ・学級としてパフォーマンスを最も発揮する時期
4・5月	6・7・(8)・9・10・11・12月		1・2・3月

　普段とは違い（研修などあるとは言え）、少し余裕のある8月です。

　みなさん、1学期、お疲れ様でした。たくさんリフレッシュをしてください。少し学級のことから離れて、ひといき入れるひとい期（ひといき、あて字です）です。

　私は1学期の終業式で、子供たちに「夏休みにしかできないことをしよう」と伝えています。先生たちも一緒です。夏休みにしかできないことに取り組んでほしいです。

　8月には、たくさんの研究会や学習会やセミナーが開催されています。最近はオンライン開催、アーカイブ配信も増え、以前よりも参加しやすくなってきています。自分が興味ある研究会や学習会やセミナーに参加してみましょう。きっとそこで刺激をもらうことができるでしょう。

　そうすることで、自然といつもとは違った視点で、**学級について振り返ることができる**はず。学級について振り返ると、自然と次にどのようなことをしようか考えると思います。その中で、思いついたことは、どんどん書き出しておきましょう。

学級経営で大切にしているキーワード

　みなさんが学級経営で大切にしているキーワードはありますか。少し時間がある夏休みに書き出してみてください。赤坂（2021）は令和の学級経営として、

・学級集団が安定であるための「安定軸」

・学級集団が主体性の高いメンバーによって構成されるための「主体性軸」

・多様性理解、他者尊重の力を育てるための「包摂軸」

の三つの軸が必要ではないかと提案しています。

　拙著『GIGA School時代の学級づくり』においても、私が大切にしている六つのキーワードをこの3点で分類・整理をしてみました。

キーワード① 任せる……「主体性軸」
キーワード② 自分ごと……「安定軸」「主体性軸」
キーワード③ 価値づける……「安定軸」「主体性軸」
キーワード④ 本音……「包摂軸」
キーワード⑤ 相手意識……「包摂軸」
キーワード⑥ ユーモアさ……「安定軸」

　みなさんも、思いついたキーワードを分類・整理してみてください。もし足りない軸があれば、その軸について考え、2学期から実践していくとよいでしょう。

8月で紹介する項目
　この8月では、以下の項目について紹介をしていきます。

・研究会への参加
・2学期の授業準備
・始業式準備

　8月下旬から徐々にエンジンをかけていきましょう。

【参考・引用文献】
赤坂真二（2021）『教育展望』2021 年 7・8 月号、教育調査研究所。

研究会への参加

▶ねらい

夏休みには様々な研究会が企画されます。授業力や学級経営力を高めるために、全国で開催される研究会に積極的に参加しましょう。

▶指導のポイント

夏休みは文字通り「休み」です。ゆっくり頭や心、体を休めることも大切です。ただ、なかには、夏休みだからこそ学びたいという先生もいるかもしれません。1学期は明日の授業に追われて毎日を過ごすのに精一杯だった先生にとっても、夏休みは時間的な余裕や心の余裕が生まれます。読書することも大きな学びとなりますが、オンラインやオフラインの研究会に参加することでも、十分に多くの学びを得ることができます。

▶研究会が誰でも参加できる時代に

少し前までは、研究会は各地方で、オフラインで開催されていました。そのため、「どこでどんな研究会が開催されているのか」情報は少なかったですし、その情報を得たとしても遠方でなかなか足を運ぶことができないなんてことも多々ありました。また、その研究団体に参加していなければ、研究会に参加できないこともありました。

現在は、コロナ禍をきっかけとして、様々な研究会がオンラインで参加できるようになりました。右ページには東洋館出版社のオンライン研究会を載せています。これは2022年のものですが、8月の1週間だけでも東洋館出版社主催だけで、これだけの研究会が開催されているのです。TwitterやFacebook、Instagramなどでも教育関係の人をフォローしていれば、研究会情報は流れてきますし、Peatixやこくちーずなどのサイトで研究会を探してもいいかもしれません。

このように自分から情報をつかみにいけば、様々な研究会に参加することができます。

展開

01 研究会を探そう

研究会を探すポイントは主に三つあります。
好きな著者
勉強したい教科
気になるテーマ
三つが重なった研究会があるのであれば、それは迷わず参加しましょう。

02 研究会に参加しよう

大切なのは、受け身にならないことです。オフラインであれば、会場に参加することで緊張状態が自然と保てますが、オンラインで参加する場合、リラックスできる空間で学ぶことになるので緊張がほぐれます。大事なことはメモしたり、気になったことは質問したりして、自ら学びに向かう姿勢を作りましょう。

4月　5月　6月　7月　**8月**　9月　10月　11月　12月　1月　2月　3月

2学期の授業準備

▶ ねらい

夏休みを活用して、少しでも2学期の授業に余裕をもてるようにしましょう。

▶ 指導のポイント

1学期とは大きく異なり、2学期は夏休みの長い時間を活用して授業準備を行うことができます。絶対に2学期の授業準備をしなければいけないということはありませんが、夏休みに準備した分、2学期に余裕が生まれることは間違いないです。しっかり休養をとりながらも、自分にできる範囲で準備をしていきましょう。

▶ 授業準備は4点セットで

学校が始まるとなかなかゆっくりできませんが、夏休みなどの長期休暇だからこそ、時間をかけて教材研究に力を入れることができます。

おすすめが、4点セットの授業準備です。

① 学校で扱っている教科書
② 学校で扱っていない他社の教科書
③ 板書で見るシリーズ（東洋館出版社）
④ 学習指導要領解説

教科書や教育書などを比較することで、発問や展開の違いを知ることができます。

 ＋

展開

01　1単元分の教材研究

1学期「明日の授業どうしよう」と日々追われるような生活を過ごし苦しんだ先生には、1単元分の教材研究をおすすめします。それだけでもかなり心も時間も余裕をもって、2学期を始めることができます。夏休みを活用して、授業貯金を作っておきましょう。

02　小テストやワークシート作り

2学期の漢字ドリルや算数教科書などを見て、小テストを先に作っておきます。小テストやワークシートづくりのために先に2学期の内容を見ておくことで、「この漢字は間違いやすい」「この計算は難しい」と、つまずきポイントに気付き、教材研究にも生かせます。

教科書を読み比べて授業の構想を練る

なるほど、T社は
こうなっているのか

他社の教科書を並べて見比べると
単元の導入や展開が違っていたり
します。その違いに着目して教材
研究すると、2学期以降の授業に
役立てることができます。

03 研究授業の構想

2学期や3学期に研究授業をする先生は、夏休みを
活用して少しでも研究授業の構想を練っておくことを
おすすめします。夏休みはある程度の時間が確保でき
るので、様々な書籍や過去の実践を探ることができま
す。その中で自分なりの提案を作っていきましょう。

04 家から出てネタ探し

国語であれば本から、社会であれば歴史的な建物や
駅などのパンフレットから、算数であれば100円均一シ
ョップや雑貨屋で、授業で使える教材に出会えるかも
しれません。「教材研究を！」というよりふらーっと出
かけて、たまたまいいネタに出会えるといいですね。

始業式準備

▶ねらい

　長い夏休み明け、久しぶりの学校、久しぶりの友達、久しぶりの先生。「学校に来て楽しかったな」と思うようなことを一つでもしたいですね。そのために夏休み中にしかけを考えておきます。

▶指導のポイント

　始業式までにやることと、始業式当日にやることを学年で共通理解しておきましょう。

【チェックリスト】

・学年通信作成
・教室環境整備
・黒板メッセージ、おかえり表示
・始業式に配布するもの、集めるものの確認
・始業式の日のタイムスケジュール

・始業式の日に話すこと
・時間が余ったときの活動を考えておく

▶プラス１アイディア

　始業式当日時間が余ったときのために、いくつか活動を考えておくとよいでしょう。

【スライドでクイズ大会】

　１学期の思い出からクイズを作ってスライドにして見せます（１学期の終わりにスライドを作ってあればそれを少しアレンジすれば使えます）。

　「１学期にはやった遊びは何でしょう？」「運動会で優勝したのは何組でしょう？」のような問題で１学期を楽しく振り返れるとよいですね。最後に、２学期はこんな行事があるよと付け加えれば「２学期も楽しみだな」と期待を膨らませることにもつながります。

【ビンゴゲーム】

　夏休みをテーマにしたビンゴを作っておいてもよいですし、お題を子供と決めて白紙から作成してもよいでしょう。

学年通信の例

学年通信で思いを伝える

　近年のコロナ禍も考慮して、みんなが外出できたわけではない、みんなが楽しかったわけではないかもしれないということも頭に入れて、学年通信を作ります。

【内容の例】
① ２学期の見通し
　ざっくりと２学期を見通せるように。
② 先生たちの夏休み
　個人的な話題にすることで親近感が湧きますが、話題には気を付けます。
③ 連絡事項
　何か用意しておくものや、卒業式関連で早めに伝えておくことがあれば忘れずに。

【気を付けたい内容】
　「楽しかった夏休み」
　本当にみんなが楽しい夏休みを過ごせたかどうか分からないので、書き方に気を付けたいです。

　「エンジンをかけてスタートダッシュ」
　いきなりのスタートダッシュを全員に強要しないよう気を付けましょう。やる気いっぱいで登校する子もいるでしょうし、朝起きて学校に来るだけで精一杯の子もいます。いろいろな子がいるということをいつも忘れないようにします。

ジャンプ！

学年通信の例
（スタートダッシュを強要しないように心がけます）

★☆２学期スタート☆★

　長いと思われた夏休みも終わり、今日から２学期のスタートです。夏休み中は、どんな経験をしたのでしょうか。楽しかったことや宿題はどうだったかなど、子供たちに尋ねてみたいと思います。まずは朝起きて、朝ごはんを食べて元気に登校することを目標にしましょう。夏休み明けの子供たちの体調面や精神面に留意しながら、２学期の指導にあたりたいと思います。

２学期

　２学期と言○○○○○○○○○○○○○ですが、普通の日常の

あいさつ文と２学期をざっくりと見通した内容を

　73日間が、１学期同様充実した日々になるよう、精一杯頑張ります！何か気になることがありましたら、遠慮なくお知らせください。２学期も、１学期同様よろしくお願いいたします。

８月

　娘（小３）と息子（小１）の宿題を見ながら自分が小学生の頃のことを思い出しました。最終日までポスターを描いていなかったこと、泣きながら書いた読書感想文…笑。「夏休みの宿題をいかに楽しく取り組○○○○○年度の課題にしたいと○○

夏休みの
おもいで。

先生たちの夏休みの思い出コーナー

　娘の離乳食が始まりました。おかゆとほうれん草は、ぱくぱく食べていたので、みんな大好きなかぼちゃをあげてみました。そしたらなんと、「ブーーーー」と吹き出しまし○○○○く食べてほしいな、○○一日でした。（Ｈ）

おしらせ

★２学期の図画工作科で卒業制作の１つとして、オルゴール制作が始まります。オルゴールの曲（全20曲）をオクリンクで送ってありますので○○○○聴いて○どの曲がよいか決めておくよう伝えてあります。

連絡事項や早めに用意しておいてほしいものなど

★修学旅行○○○○○○○○○○○持ち物など○前○○○○○○○○○○○○遠慮なくお尋ね○○

★卒業アルバム、卒業文集、卒業式など卒業関連の実行委員を決めて少しずつ卒業を意識した活動が始まります。引き続き体調管理と毎日の検温をお願いいたします。

夏休み特別企画
親子でクイズ対決！
答え合わせをしましょう！

①１学期は何日？	——	70日間
②夏休みは何日間？	——	43日間
③６年生は何人？	——	56人
④１組で飼っていたのは？	——	トカゲ
⑤２組で飼っていたのは？	——	イモリ
⑥人気だった給食は？	——	あげパン
⑦人気だった遊びは？	——	けいどろ

何問正解できたかな？

プラスとマイナスを
意識して子供に接する

2学期のスタート！

形成期 （メンバーを形成）	混乱期 （考え方、感情がぶつかり合う）	規範期 （共通の目標、役割分担が形成され始める）	達成期 （学級として機能し、成果を出す）
・お互いのことをよく知らない ・学級の共通の目標や明確には定まっていない ・子供たちの特徴や思い、考えなどが分かっていない	・子供たちの特徴や思い、考えに食い違いが起こり、人間関係などで対立が起こる	・学級の子供たちの特徴や思い、考えなどが共有され始め、統一感が生まれつつある	・学級に結束力が生まれ、相互にサポートができるようになる ・学級としてパフォーマンスを最も発揮する時期
４・５月	６・７・（８）・**9**・10・11・12月		１・２・３月

さあ、２学期のスタートです。

　２学期の初日、みなさんはどんな気持ちですか？「いよいよ新学期だ！ 頑張るぞ！」というプラスな気持ちもあれば、「もう少し休みたかった……」「もう２学期か……」とマイナスな気持ちもある方もいることでしょう。そういった、**プラスとマイナスな気持ちが子供にもある**ということです。

　そのため、トップスピードで始業式初日からスタートするのではなく、**ボチボチスタート**していきたいものです。

　「９月１日」と聞いて、みなさんは何かイメージしますか。2018年８月に自殺総合対策推進センターが、「中高生の自殺率が最も高い時期が９月１日前後である」という分析結果を公表しました。

　中高生のことだから関係なしではなく、なぜこの時期に自殺率が高くなるのかということを意識しておくことも大切だと考えます。

回収は確実に

　２学期の初日は、子供たちは夏休みの作品を持ってくることでしょう。夏休みの作品の回収をしっかり行いましょう。

　特に、コンクール等に応募する作品は締切日などもあります。確実に行うために、黒板上に名前を書いたりして、誰がどの作品を応募したのかを分かるようにもしておきます。それを写真に撮っておけば、名簿などで整理する必要がなくなります。

行事で気を付けておきたいこと

運動会をはじめ、様々な行事が2学期にはあります。そのときに気を付けたいことがあります。

それは、**大声を出して叱らないということです。**

何か危険なことがあったときに大声で言うことは仕方がないことです。しかし、なかなか行事の進行が予定通りいかない、行事の練習の次の時間の授業でダラダラしている、次の授業に子供たちが間に合わない……といった、**子供たちのマイナスに対して、叱ることは問題**です。

はっき言えば、子供ではなく先生の方に問題があるのです。

なかなか行事の進行が予定通りいかない、行事の練習の次の時間の授業でダラダラしている、次の授業に子供たちが間に合わないということは、**そもそも進行に無理がある・練習で無理をさせすぎている・練習時間が長すぎる**ということが考えられます。

進行や練習内容など、もう一度再考してみましょう。

９月で紹介する項目

この９月では、以下の行事や出来事について紹介をしていきます。

・始業式①
・避難訓練（地震・津波）
・運動会③④

始業式①

▶ねらい

　2学期からの頑張る意欲を刺激する始まりにしましょう。

▶指導のポイント

　2学期のスタート時には、子供によってその様子は全く違います。

　夏休みからの切り替えがうまくできていない子や、意欲満々の子……。なかには、体調のすぐれない子もいるでしょう。

　そういった子を見極め、それぞれに適した声かけをしていくことがポイントです。

　表情や言葉の使い方、座る姿勢などに表れるので、見逃さないようにしましょう。

▶こんな話をしてみよう

　2学期のスタートに話をする目的は、ずばり「刺激」です。

　「学校ってやっぱり楽しいな」「よ～し、頑張るぞ」と思わせるような話をしたいものです。

---

① 1学期の振り返りと2学期の学級最終像

② まず取り組むこと（挨拶など）

③ 2学期の行事予定

④「突然！残暑見舞い」（4人前後のグループを作り、そのグループ内で、残暑見舞いを書いてもらいます）

⑤ 先生の夏休み中の出来事（スライドなどがあり、そこにクイズなどを挿し込むと、楽しめます）

展開

01 始業式直前

　夏休み中には、子供たちの机・イスのネジのゆるみを確認しておきましょう。ロッカーなどに名前シールを貼っている場合は、はがれているものがないかも確認します。

　また案外、クモの巣が窓に張っていることもありますので、はらっておきます。配布物の最終確認なども忘れずに行いましょう。特に、ドリルなどを配布する場合には、数のチェックなども欠かせません。

　黒板にメッセージなどを書いておくのもよいですし、1学期終業式に書かせた「2学期に頑張りたいこと」を振り返るのもよいでしょう。

　また学級通信には、「こんな話をしました」というように、始業式当日に話そうと思う内容を書いておくと、指導する内容に統一感が出ます。

子供たちをやる気にさせる刺激のあるスタートに！

先生の夏休み中の出来事をスライドにして紹介。おもしろエピソードやクイズなどを入れて盛り上げましょう。

4人グループになって、グループ内で残暑見舞いを書き合います。それぞれがどんな夏休みを過ごしていたかも分かって楽しさを共有できるはずです。

02 始業式当日

　とにかくこの日は、笑顔と落ち着いた雰囲気を心がけます。

　休んでいる子がいる場合は、できるだけ家庭訪問をして顔を合わせるか、それが難しい場合は、電話で直接、子供本人と話すようにしましょう。

03 始業式の次の日

　まだまだ学校生活に身体がついていかない子もいます。そういった子を見逃さないためにも、この日も入念に健康チェックを行いましょう。連続して欠席している子供がいた場合、まわりの先生方にも相談しておくと、後の対応が取りやすくなります。

避難訓練
（地震・津波）

▶ねらい

　自分の命を守るためにできることを考えるとともに、地域や家族のためにできることを考える機会にしましょう。

▶指導のポイント

　地震や津波に対して、日頃から防災意識をもたせ、対策を行っておく必要があります。

　ここでは、校内における地震対策だけでなく、地域の中の一員として、子供たちに何ができるかを考えさせていくことがポイントとなります。

　避難訓練だけに終わるのではなく、その後のことも考えさせていく必要があります。

防災の意識を高める学習のサイクル

　地震や津波についての知識や情報を調べ、訓練への大切さを学びます。訓練後は、避難経路や避難方法などについて皆で話し合います。課題意識が生まれたら、防災グッズなどを作ったり、地域の防災施設などに足を運んでより防災への意識を高めていきましょう。

事前学習

展開

01　事前学習

　地震や津波についての知識や地域の地理的情報について調べ、まとめたり共有したりします。

　また校内の避難経路なども改めて確認させ、その経路が安全かどうかも考えさせる場を設けます。

02　訓練と事後学習

　実際に訓練を行います。

　訓練後は、避難経路や避難の仕方を振り返ってみて、気付いたことを出し合います。

　またこのときに、「家でいるときに地震が起こったら、どういう行動をすればいいか」や「学校が避難所になった場合、どういう行動をすればいいか」などについても考えさせると、事後学習につながっていきます。

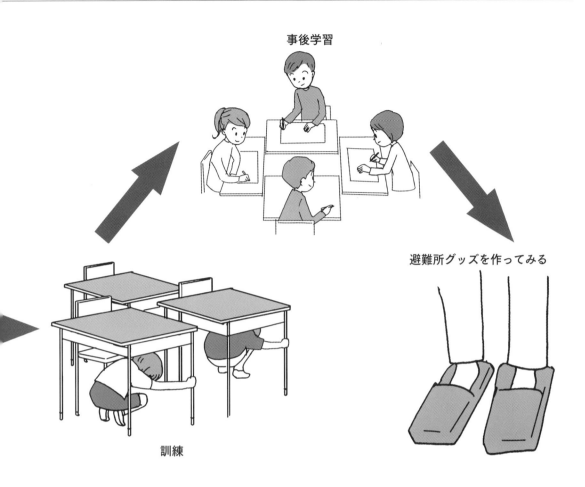

事後学習

避難所グッズを作ってみる

訓練

03 避難所グッズを
作ってみる

　学習を進めていくと、防災意識が高まり、自分たちがとっている災害対策だけでは不十分ではないかという課題意識も生まれてくることがあります。

　そういう場合、身近なもので作ることのできる災害対策グッズを作る活動も取り入れてみましょう。

04 地域の防災施策

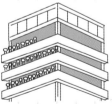

　例えば、自分の住む地方自治体の防災施策について調べ、その内容について考えます。

　地域にある防災施設などを訪れ、見学するなどの活動を取り入れると、より具体的に考えることができます。備蓄庫なども見せてもらうと、より具体的な発見があるはずです。

運動会③

▶ねらい

6年生が中心となって、全校児童と一緒に運動会を盛り上げよう！と気持ちを高めていきます。そのためにまずは自分が楽しむ、そして「楽しませることを楽しむこと」も目標にしましょう。

▶指導のポイント

小学校の運動会の集大成です。委員会の仕事や応援団など、今までより役割も増えて、気合いも十分、といったところでしょう。

事前指導は丁寧に。当日は楽しむこと。そして事後の振り返りも大切に。この三つのサイクルを、子供たちと相談しながら作り上げていきましょう。任せるところは任せる、そんな中でも、担任として自分の考えは語れるようにしておきたいですね。

▶掲示板を運動会一色に

全校児童が見る掲示板を大きく使って、運動会を盛り上げましょう。

（例）
団長や応援団の写真（かっこいいポーズで）
運動会のスローガン
団の旗や合言葉
練習風景

展開

01 運動会の意義を考え役割を決める

6年生にとって、小学校での運動会も6回目です。子供たちもきっと運動会の意義を理解しているはずですが……それでも大切にしたい「運動会はなぜやるか」の話し合い。その意義の確認は、運動会の練習が始まる前に丁寧にやりたいものです。

「勝ち負けの結果だけにこだわることがないようにしたい。でも、『勝ちにいく』気持ちは持ち続けてほしい。スポーツマンシップとは何か」など、子供たちから意見を出してもらうことも大切にしつつ、担任も語れるだけの材料を用意しておきましょう。

役割が決まったら、各団から便りなどを作成して他学年に配るのもよいですね。

02 練習が始まったら

何かと疲れる頃です。できていることを褒め、モチベーションが保てるようにしましょう。リーダーとして頑張っている分、教室では少しリラックスできる雰囲気づくりを。

あら？っと思ったらすぐみんなで話し合う、そんな気付きを大切にしましょう。

集大成となる運動会に！

応援団の練習の様子を撮影し、写真を掲示板に貼っておくと団結力が増します。団長の腕組みポーズの写真なども盛り上がります。小学校最後の運動会を目一杯楽しめるようにしましょう。

運動会が近づくにつれて掲示物が増えていくと、下級生の気持ちを高めることができます。運動会が終わってからは、余白に当日の写真を貼れば振り返りの場にもなります

03 当日は思い切り楽しむ

当日の朝、余裕があれば黒板にメッセージを書いておきましょう。「今までありがとう」「ここまで頑張ってきたのだから、今日は楽しもう」「みんなならできる」と送り出してあげましょう。教師は見守り役。口を出したくなりますが、当日はぐっとこらえて見守って。

04 終わったら振り返る

運動場で集合写真を撮ったら教室で短く事後指導。ここは端的に。そして後日、キャリア・パスポートなどを利用して、写真を見ながらじっくり振り返りましょう。「運動会での学びを今後どんな場面で生かせそうか」など、具体的に振り返りをするとよいでしょう。

運動会④

▶ねらい

小学校生活最後の運動会。それぞれの目標と、6年生としての目標を考えて取り組ませましょう。

▶指導のポイント

運動会を通して、自分や学級が成長した姿をイメージさせることで、運動会を盛り上げるだけでなく、その後までを見通す力が養えます。

特に、運動会では、6年生は運営側としての役割を果たすことも多いです。

こうした機会を逃さず、それぞれがそれぞれの目標をもてるようにフォローしていきましょう。

▶大切なのは手段を考えること

この運動会を終えたときにどうなっていたいか、自分の内面であったり、学級の雰囲気であったりを考えさせましょう。

例えば、「下学年の人から、尊敬されるような6年生になっていたい」や「苦しいことでも、乗り越えられる自分になりたい」「団結力のある学級になっていたい」といったようなことをイメージする子がいます。

その上で、「そのために、どうすればいいか」を考えさせることが、ポイントになります。

そうすると、「準備や練習でも一生懸命頑張っている姿を見せよう」や「休憩時間にも練習しよう」「みんなで声を掛け合うようにしよう」というような手段（行動目標）が、それぞれの中に決められるはずです。

そういった、個々の目標を、適時振り返らせながら、本番に臨ませていきましょう。

展開

01 運動会についての目標を持つ

右ページのようなワークシートを用いながら、個人で「運動会後の自分像」や「運動会後の学級像」について考えさせます。

そして、そのために頑張ることも考えさせましょう。

それぞれの目標は、可能であればタブレットなどで共有し、それを踏まえた学級のスローガンを考えさせるのも一つの手段です。

02 練習から本番まで

運動会当日までに、6年生は委員会活動などで、様々な役割を担います。

こういった子供たちの頑張りを、できるだけ見逃さないようにしたいものです。

こまめに記録しておきましょう。

また、練習中の様子や委員会での活動の様子なども、写真で残しておくと、振り返りに使うことができます。

運動会

運動会の後、なっていたい自分

記入例

- 最高学年として、与えられた役割以上のことができる自分
- 自信がないことにも、立ち向かっていける自分

運動会の後、なっていてほしい学級

記入例

- さらにチームワークの高い学級
- 一人ひとりが励まし合える学級

そのためにがんばること

記入例

- 他の人の動きをよく見ておく
- 徒競走が苦手だけど、毎日練習をする

そのためにがんばること

記入例

- 学級目標のポスターを作って、みんなで意識し合うようにする
- 練習のときから、励まし合うようにする

運動会の振り返り

記入例

- 最後の日まで、徒競走の練習をしたので、自信をつけることができた
- ダンスの前に、みんなで声をかけ合ったのが印象的だった

03 運動会当日

運動会当日は、子供たちの見せ場がとても多いです。

演目のみでなく、運営に関わる子供たちの動き、子供同士の関わりなども見ておくことが大切です。

運動会終了後は、そういった動きに対する評価の声かけも忘れないようにしましょう。

04 運動会の次の日

運動会が終わったら、本番までの自分や学級を振り返る時間を取ります。

このときに、上に示したようなワークシートが役立ちます。

また写真などがあれば、それを使って自分たちの頑張っていた姿を見て振り返ると、子供たちも達成感を得やすいです。

行事では裏方に回って子供たちをサポート！

そろそろ規範期へと

　いよいよ学級も折り返しの10月です。そろそろ規範期へと移行したいものです。規範期だから、全くトラブルがなくなるというわけではありません。トラブル自体は、3月の卒業まであることでしょう。トラブルを恐れてはいけません。

形成期 （メンバーを形成）	混乱期 （考え方、感情がぶつかり合う）	規範期 （共通の目標、役割分担が形成され始める）	達成期 （学級として機能し、成果を出す）
・お互いのことをよく知らない ・学級の共通の目標や明確には定まっていない ・子供たちの特徴や思い、考えなどが分かっていない	・子供たちの特徴や思い、考えに食い違いが起こり、人間関係などで対立が起こる	・学級の子供たちの特徴や思い、考えなどが共有され始め、統一感が生まれつつある	・学級に結束力が生まれ、相互にサポートができるようになる ・学級としてパフォーマンスを最も発揮する時期
4・5月	6・7・（8）・9・**10**・11・12月		1・2・3月

　この10月は、行事と行事の狭間の時期と言われることも多いです。この時期に、しっかりと学習に取り組んでいくことが大切だと言われています。また、行事によって、学習に遅れがある場合には、この期間でしっかりと取り返しておきたいものです。

　規範期になるので、これまで以上に「子供に任せる」ということを行っていきたいものです。16ページにも書きましたが、単に任せたらよいというわけではありません。**先生は裏方に回り、子供たちをサポート**していくことが大切です。

　そのときには、どこまで先生が口を出さずにいられるのか、手を加えずにいられるのかといった、**先生の我慢**も求められることでしょう。

　任せてもすぐに先生が口を出したり、手を加えたりしていれば、それは任せるにはなっていません。また、全く口を出さずに完成した後に口を出すことも逆効果です。それなら、「途中で言ってよ～」と子供たちは思うことでしょう。

　どこまで任せるのか、どこまで口に出すのか、明確な基準があればいいのですが、明確な基準などありません。ただ最近は、

　学級に小学校時代の自分がいるように考え、小学校時代の自分がどこまで任せてほしいのか、どこまで口に出してほしいのかということを基準
にしています。

もちろん、それでうまくいくこともあればうまくいかないこともあります。とにかく日々、試行錯誤することが大切です。

11月がやってくる

　11月については、110ページについて書いていますので、詳細はそちらをご覧ください。

　その11月に向けて、**マイナスなことを一人で抱え込みすぎないようにしましょう。**

　同僚に愚痴を聞いてもらったり、同僚に言えなければ親しい人に聞いてもらうなど、ストレスを抱え込みすぎないようにしましょう。

　決して、**あなたはひとりぼっちではありません。**味方はいますし、あなたの努力や頑張りを見てくれている人はいます。

　また、11月に向けて、自分自身の指導を見直してみましょう。

　子供の勝手な行動、ルールを破っている行動を「少々のことなら……」「これぐらいなら……」と目をつむったり、見ないふりをしたりしていませんか。

　そういったことが積み重なると、11月が大変になります。そうならないために見直しましょう。

　残り半年。子供たちにとっては、小学校生活の12分の11が終了しました。残り12分の1を共に頑張り、共に成長していきましょう。

10月で紹介する項目

　この10月では、以下の行事や出来事について紹介をしていきます。

・学級会②
・修学旅行②③
・保護者会

学級会②

▶ねらい

年度の前半を振り返り、さらに自分を高めたり、学級や学校をよくしていくための頑張りを考えたりする節目にしましょう。

▶指導のポイント

10月の時点で、1年間の学校生活の丁度半分を過ごしたことになります。

一つの節目として捉え、年度当初から頑張ってきたことを振り返らせます。

いろいろな出来事に追われ、4月当初の目標を忘れてしまっている子もいるでしょう。

そうした子たちにも、こういった機会を与えることで、意欲を高める節目にすることができます。

右のようなワークシートを、タブレットで配布。

そこに書き込ませ、提出させます。

展開

01 頑張ったことを自己評価させる

「頑張ってきたこと」といっても、自己評価をさせてみると、実は「これはもう少し頑張れたかも」「これはやり切った」というように、ばらつきがあります。

それを自己分析させることで、今後に生かすことができます。しかし、子供が自分の頑張ってきたことを振り返ることに意義を見出させるためにも、日頃からの担任の声かけ（励ましや評価）が大切です。

02 グループで交流しながら…

振り返る内容は個人の頑張りですが、グループで交流しながら振り返るという場にすると、本人も気付けていなかった頑張りに気付けたり、新たに頑張ろうと思えるようなことを、メンバーの振り返りから教えてもらったりすることができます。

今年度前半を振り返ろう

	がんばってきたこと	今の時点の評価 （◎　○　△）
ア	漢字をしっかりと覚える	◎
イ	たくさん発表する	○
ウ	委員会の仕事を忘れずに取り組む	◎

上のように評価した理由を書こう

ア	イ	ウ
漢字テストで、満点をとることができたから	社会科の授業で、あまり発表できなかったから	担当の日だけでなく、別の日にも手伝うことができたから

	後半でがんばっていきたいこと
ア	社会科の授業で、たくさん発表したい
イ	毎日、少しずつ走って、体力をつけたい
ウ	自主学習をがんばっていきたい

※引き続きがんばりたいことは、そのままでもかまいません。

修学旅行②

▶ねらい

　修学旅行までの日々でチーム力を高め、修学旅行では最高の思い出を作れるようにしましょう。

▶指導のポイント

　グループ行動や宿泊に戸惑いを感じる子供がいるかもしれないので、修学旅行＝誰もが楽しみとする行事と決めつけるのはよくありません。ただ、安心できる学級集団であれば、不安は減り、少しずつワクワクが増えていきます。修学旅行までにそういった集団を作っていく必要があります。修学旅行という特別な行事を待つのではなく、迎えにいくような気持ちで、学級集団を高めていく取り組みをしていくといいですね。

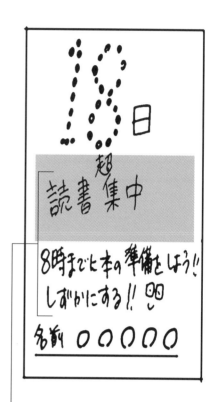

その日の目標を書く

展開

01 修学旅行までのカウントダウン

　卒業式までのカウントダウンは別れが近づき寂しさを感じますが、修学旅行のカウントダウンは楽しみな気持ちが大きくなります。修学旅行が近くなると浮かれてしまいがちですが、目標を立ててクラス全体で取り組むことで、学級集団を前向きに高めていきます。

02 自分たちでルールを作る

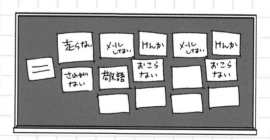

　６年生にもなれば、わざわざ教師からルールを提示しなくても「やってはいけないこと」は分かっています。そこで、子供たちでルールを作るようにします。教師が決めるよりも厳しいルールが生まれることもあり面白いです。決めたルールをしおりに載せます。

修学旅行までのカウントダウンカレンダー

19日

今日は♥貯金を
銀1枚はやこう！

・ちょっとのことでも感謝しよう
・友だちのいいところに
　目を向けよう
名前 ○○○○○

2:0日

8時 読書
全員で

・はやくしたくをする
・よゆうをもって本を
名前 ○○○○○

21日

ろうかは歩こう！

・みんなで
　声をかけあう

名前 ○○○○○

修学旅行までのカウントダウンであれば、ワクワクしながら主体的に頑張れます。一人一日の日めくり風カレンダーにして、目標を書いて掲示していきます。

03 教師が決めるところは決める

修学旅行は子供たちにとって特別な行事な分、いろいろ子供都合の願いを言ってきます。一番多いのは、グループ行動や宿泊のメンバー決めです。自由に決めることで、苦しむ子供が出るかもしれません。学級の様子を見て、時には教師が決めることも必要です。

04 当日も集団を高めるチャンス

ガイドさんに元気に挨拶をしたり、お世話してくれた人にお礼を言ったり、友達に優しい声かけをしたりと、探せば子供の頑張りはたくさん見えてくるはずです。教師の価値づけによって、修学旅行をさらに最高な思い出へと作り上げていきましょう。

修学旅行③

▶ねらい

修学旅行は6年生にだけ与えられる特別なイベントです。楽しい思い出をみんなで共有するとともに、さらなる集団力アップにつながるように指導しましょう。

▶指導のポイント

4月から頑張ってきた6年生。この時期になると友人関係も把握でき、集団としての課題も見えてくることでしょう。卒業まで残り半年です。この修学旅行をきっかけに仲を深め、大切な思い出を作ってもらいたいところです。修学旅行では、今までの遠足や宿泊学習のときよりも、子供たちが主体的に計画をし、実行できる力が求められます。集団の一員として役立つ喜びが得られるようにサポートしていくことが大切です。

▶事前指導・準備チェックリスト（案）

①教員がすること（旅行会社への依頼あり）
□見学先・宿泊施設の決定
□全体活動場面の決定
□グループ活動場面の決定
□目的・行程表・持ち物・予算案等の作成
□引率者役割分担
□保護者説明会資料作成
□しおり作成（全体共通）

②子供たちと一緒にすること
□修学旅行の目的等の共有
□修学旅行実行委員会の立ち上げ
□グループ活動メンバー決定・役割分担
□宿泊部屋メンバー決定・役割分担
□調べ学習・まとめ
□グループ活動計画案作成・修正
□しおり作成（グループ活動や表紙など）
□集合写真の隊形確認と練習
□しおりのとじこみ
□しおり読み合わせ

展開

01 保護者会で提案しよう

保護者説明会を開き、行事のねらいや行程案、予算案などを伝えましょう。また、子供たちにお小遣いをもたせる学校は多いですが、金額は学校だけでは決定しにくいところがあります。安全面も含めて検討し学校と保護者で決定していくことが望ましいです。

02 子供主体のグループ活動ができる場面を設定しよう

子供主体で活動する場面を設定します。その際の活動形態やメンバーの組み方、役割等は子供の実態とねらいに合わせて考えます。教師側で提案するところと、子供たち任せるところの見極めが大切です。大人が一方的に与える計画にならないようにしましょう。

6年生にとって特別なイベントを楽しもう！

卒業まで残り半年。思い出に残る修学旅行にするために集合写真や、グループ写真もたくさん撮りましょう。

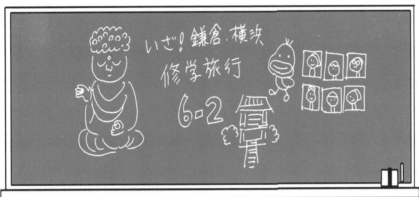

修学旅行前日には黒板にイラストを描いたり、メッセージを書いた手紙を貼ったりすると、より気持ちが高まります。

03 「自分たちらしい」旅行にしよう

実行委員を中心に楽しい修学旅行になるように話し合い、計画を立てましょう。例えば、しおりの表紙や挿絵は子供たちが描いたイラストなどを入れたり、夜のお食事会では出し物などを企画したりします。みんなで楽しいひとときが過ごせる工夫を意識させたいです。

04 笑顔の写真をたくさん収めよう

卒業文集に修学旅行について書く子供は多く、それほど大切な思い出になるようです。集合写真やグループ写真などは計画的に撮り、子供たちの笑顔をたくさん収めましょう。街中での集合写真は素早く終えられるよう隊形の確認や練習もしておくといいですね。

4月　5月　6月　7月　8月　9月　**10月**　11月　12月　1月　2月　3月

保護者会

▶ねらい

保護者の方は、子供たちの成長を共に喜び、共に悩める唯一無二の存在です。連携は欠かせません。「行ってみたい」「来てよかった」と思う保護者会になるよう工夫しましょう。

▶指導のポイント

年間の保護者会の内容が重ならないように、年度初めに計画を立てておくとよいでしょう。

例

1学期：担任の自己紹介と学級経営をスライドショーで紹介する。

2学期：保護者同士が気軽につながれるプログラムを用意する。

3学期：思い出の写真で1年間を振り返る。

▶「一人一言」は気を付けて

保護者会で、「保護者の方々から一人一言ずつ順番に」というのを時々見かけますが、気を付けた方がよいポイントをいくつか挙げてみます。

ポイント① 時間は足りそうですか？

全員となると時間が押してしまうかもしれません。時間が押したときに「では、ここまで」というわけにもいきません。また、兄弟のクラスの関係で途中で入ってくる人もいたりします。

ポイント② みんなの前で話すのが苦手な方はいませんか？

みんなの前でしゃべるのが苦手だから保護者会に行きたくないな、と思われたら本末転倒です。

ポイント③ 質問されたら答えられますか？

全員の前でひょっとしたら思いがけない質問が来るかもしれません。みんなの前で答えにくい質問かもしれません。

このように、いろいろなことを想定して、場を設定しておくとよいでしょう。

展開

01 「行ってみたい」と思う工夫を

行ってみたくなるような内容とアピールの仕方を考えましょう。キャッチコピーやロゴを作ったり（アプリでロゴが簡単に作成できます）、「本日のお品書き」のようにメニュー表を作って配ったりするのもよいですね。

02 写真をたくさん用意しておく

保護者の方が一番知りたいのは「子供たちの日々の姿」です。休み時間はどうしているかな？友達と仲良くしているかな？どんな情報でも知りたいものです。スライドショーなどでこの半年間の写真を映していきましょう。BGMも付けると効果的です。

笑顔が絶えない保護者会

子供たちの成長を共に喜べるように写真を
用意したり、席をグループの形にして保護
者間同士の情報を共有できるようなトーク
テーマを準備しておきます。話すことが苦
手な方も敬遠しないように、リラックスし
た雰囲気を心がけましょう。

03 保護者同士が つながれる工夫も

保護者同士で情報交換をしたい！と思う方もいます。
そのためにしかけをするのも、担任の役目の一つです。
例①「テーマ別トーク」
　テーマをいくつか用意しておき、「○○について話し合
いたい方はこちらの席へ」などと場所を指定して、ミニ
グループの中でテーマに沿って話し合うもの。テーマと
しては「お小遣いどうしてる」「ゲームとの付き合い方」
「宿題の取り組み」「お悩み相談室」「雑談部屋」など
例②「さいころトーク」
　席を円形に配置してさいころを用意しておき、出た目に
ついて話していきます。さいころの目は「趣味」「最近うれ
しかったこと」など前向きで軽めのものがおすすめです。

04 事後も大切に ―通信で紹介―

当日、都合で来られない保護者の方もいます。保護
者会は何をしたんだろうと、心配になる方もいますの
で、学級（学年）通信で、「こんな話をしました」「保
護者の方からはこんな話題がありました」と触れるだ
けでも安心材料になります。

燃え尽き症候群にならないように
普段の日も特別な日にしよう!

混乱期? 規範期?

形成期 （メンバーを形成）	混乱期 （考え方、感情がぶつかり合う）	規範期 （共通の目標、役割分担が形成され始める）	達成期 （学級として機能し、成果を出す）
・お互いのことをよく知らない ・学級の共通の目標や明確には定まっていない ・子供たちの特徴や思い、考えなどが分かっていない	・子供たちの特徴や思い、考えに食い違いが起こり、人間関係などで対立が起こる	・学級の子供たちの特徴や思い、考えなどが共有され始め、統一感が生まれつつある	・学級に結束力が生まれ、相互にサポートができるようになる ・学級としてパフォーマンスを最も発揮する時期
4・5月	6・7・(8)・9・10・**11**・12月		1・2・3月

　6月に、 6月危機・6月クライシスなどの言葉があるように、11月にも11月危機・11月クライシスなどの言葉が存在します。そうです。11月も学級崩壊が起こりやすいということです。11月は、規範期よりも混乱期になる学級が多いということが考えられます。

　なぜ、11月は荒れやすいのか、6月と理由は少し異なる可能性があります。6月では、「お互いのことを知ることができているから、知ることに偏りがあるから、知ることに不足しているから、子供たちの間にすれ違いが起こり、喧嘩やトラブルなどが発生」ということを書きました。

　しかし、11月はもう半年以上一緒にいます。大分子供たちはお互いのことを知っているはずです。そして、行事によって、子供たちの関係づくりが加速していっていることでしょう。

　つまり、**学級がうまくいかなくなる理由が6月とは異なる**という可能性があるのです。大きく二つの理由を考えることができます。

　一つは、**ここまでの小さなほころびが大きなほころびになった**ということ。

　小さなほころびのときは、どうにかなったかもしれませんが、小さなものだったが蓄積し、大きなものになってしまい、どうしようもなくなったということです。こうなってしまっては、短期間でどうしようもありません。もう一度、4月のころに立ち返りましょう。

　もう一つは、**行事疲れや行事燃え尽き症候群**が考えられます。

　行事疲れとは、言葉通り行事に取り組み、行事中の疲れが、行事後にも後をひいているということです。

　燃え尽き症候群とは、行事に熱心に取り組み、行事のゴールを達成したのち、燃え尽きてしまい、何か普段の授業や活動でやる気が出なかったり、集中して取り組めたりしなくなることです。

また、**普段の授業や活動で目標を見出せなくなる**ということも考えられます。

　これは子供だけの話ではなく、先生にも言える話です。だから、**行事に取り組むことを最大の目標にしない**ということです。

　もちろん行事なので、普段よりも力を入れて取り組むことでしょう。それなら、それと同じくらい普段にも力を入れるのです。

　行事を特別な日ではなく、普段の日も特別な日になるように取り組むことが大切です。

　行事中の「○○しなさい」「もっと○○しなさい」などの子供たちの実態を無視した教師からの一方的な指導に、子供たちは嫌悪感を示し、行事疲れが起きることがあります。実はこれが一番やっかいです。教師と子供の関係も崩れているからです。

11月で紹介する項目

　この11月では、以下の行事や出来事について紹介をしていきます。

・文化祭・音楽祭
・６年生ミッション②
・ランドセルの絵

文化祭・音楽祭

▶ねらい

　合唱や劇などの芸術表現を通して、音の重なりやそろう美しさ、工夫の面白さを体感させます。また、練習を重ねる度に表現力と集団力が高まる楽しさを味わわせましょう。

▶指導のポイント

　各自治体、学校によって、文化祭や音楽祭の在り方は全然違います。しかし、6年生としてどのような姿で参加するべきなのかを子供たちに問うと、その答えは同じであることが多いのではないでしょうか。ここでは、下学年が憧れたり、地域が誇れる存在でいたりできるように、パフォーマンスの質を高めていく必要性を伝えます。また、どのように運営していくと、学校全体が楽しめるのかを考えて、計画していくことが大切です。

▶行事を通してリーダーを育てる

　少人数のグループでリーダーをつくることで、行事の進行を円滑にします。また、子供たち同士が声を掛け合うことで、よりよい練習を積み重ね、よい本番を迎えることができます。音楽祭では、音楽の先生と一緒に技術的な指導をすれば、子供たちはどんどん上手になります。声の大きさだけでなく立ち位置や表現も工夫すれば、より観客にアピールできるでしょう。

展開

01 心構えを確認し、発表内容を検討する

　学校内での発表ならば、今までの6年生の発表内容を想起させ、最高学年として目指す姿をイメージします。地域に向けた文化祭や音楽祭ならば、「○○小学校の代表」という意識を十分もたせましょう。その上で、発表内容を検討します。

　芸術の表現方法は様々ですし、実際に発表するのは子供たちです。教師の思いや理想は伝えながらも、「この学年らしさ」や「学校らしさ」をキャッチし、子供たちが楽しく表現できる機会になるといいですね。

02 小さなリーダーを立てよう

　合奏や合唱ならばパートリーダー、劇ならば場面リーダーなど、少人数グループをまとめる役を立てます。リーダーは一人に限定してもよいし、輪番制にしてもよいでしょう。

　教師がいなくても、子供たちが声を掛け合い、主体的に練習に取り組める環境を整えます。小集団会議で困り感や練習方法を伝え合う時間を作ると、よりよいアイディアが生まれたり、練習の質が高まったりする効果も生まれます。

ほどよい緊張感をもって最高の音楽祭に

自治体によっては地域の会場を使っての合唱コンクールもあります。下級生が「次は自分も！」と思えるような発表会にしましょう。気持ちのこもった合唱は保護者も必ず感動してくれます。

03 見せ合おう・聴き合おう

練習を積み重ね、ある程度かたちになってきたら、タブレット等で撮影や録音をして自分のパフォーマンスを確認します。子供たち同士で演奏を聴き合うことも効果的です。

声の大きさや表現の工夫、立ち位置等は、鑑賞している側でないと気付けない視点がたくさんあります。まずは、自分たち自身で課題を把握し、そこに教師たちが技術的な指導を入れるようにしていくと、どんどんパフォーマンスが上がっていきます。

04 最後の仕上げをしよう

校内発表ならば、他学年発表の鑑賞を楽しむ大切さを伝えましょう。6年生の聴く姿が下級生にも伝わります。児童会として、発表会が充実する工夫も取り入れるといいですね。校外で発表がある場合には、本番前に全校児童に聴いてもらう場面を設けます。初めての会場や知らない人たちの前での演奏はとても緊張するはずです。本番同様のほどよい緊張感をもって演奏できる場面を設定し、本番で最高のパフォーマンスができるように意識を高めていきましょう。

6年生
ミッション②

▶ねらい

　6年生が全校児童を巻き込んで、学校をより
よくしていこうとする活動の第2弾です（ここ
では「清掃」を具体例に紹介します）。継続を
大切に、流れは第1弾と同じですが、前回の反
省があればそれを生かしましょう。

▶指導のポイント

　定期的（学期に1回程度）に6年生が全校に
呼びかけをすることで、「自分たちの学校は自
分たちの手でよりよくする」という自治の心を
育てていけるようにしましょう。

　児童会の活動とも似ていますが、常時活動で
はなくあくまでも「6年生」からの「ミッショ
ン」ということで、「やってみたい」「楽しそ
う」と全校児童のわくわく感を引き出し、みん

なを巻き込むのがポイントです。

▶継続することに意味がある

　前回の活動が打ち上げ花火にならないよう、
前回の反省を生かした第2弾にします。

　実行委員は、できれば毎回違うメンバーで行
うとよいでしょう。必要な担当は、前回の反省
があれば、担当を増減したり合体させたりしま
しょう。

【ミッションとして考えられる活動例】
・挨拶
・清掃
・感謝の気持ちを伝えよう
・言葉遣い
・廊下歩行
・靴をそろえよう
・時間を守ろう
★学校で月ごとの生活目標などがある場合はそ
れとリンクさせることで目標が乱立すること
なくすっきりとします。

展開

01　学年集会で話し合う

　第2弾なので、「そろそろ次のミッションを」と子供
たちから声が出てくればその機会を見逃さないように
します。前回と同様に、話し合ってミッションを決め
ます。「時間いっぱいまで」「黙って掃除」など、具体
的で、振り返りがしやすいミッションにしましょう。

02　ポスターを作り、呼びかける

6年生
ミッション
2

6年生
ミッション

　「6年生ミッション2」と大きくタイトルを書いて、
インパクトのあるポスターを作ります。校内の掲示板
で空いているところがあれば、「6年生ミッション」の
コーナーとしてお借りして、前回のポスターと並べま
しょう。実行委員の名前を書いておくのもよいです。

他学年と一緒の清掃で一体感を作る

ここでは1年生と一緒に掃除を
することで、最高学年としての
自覚を促しています。

皆で感謝の気持ちをもって掃除を
することで、学校に対する思いを
高めることができます。

03 校内を回り、活動する

　縦割り清掃などをしている学校ならば、ともに清掃
ができますが、学級（学年）ごとの清掃をしている場
合は、6年生が各学級等を回って活動します。頑張っ
ていた子を後ほど放送したり、賞状を渡したりするな
ど、良い面を見るようにしましょう。

04 振り返り、次へつなげる

6年生
ミッション
2

感想を
書いてね

　前回同様、良い面を中心に振り返りをします。6年
生ミッションのポスターの近くに、ミニカードをおい
ておき、「感想を書いてね」などとすると、他学年の子
供の感想も吸い上げることができます。次の活動につ
ながるようなしかけをしましょう。

ランドセルの絵

▶ ねらい

　思い出が詰まったランドセルは、6年生の図画工作科の最高の教材です。小学校生活に思いをはせながら、世界に一つだけの作品を制作しましょう。

▶ 指導のポイント

　6年生になると、図画工作科は、自信がある子と自信がない子に分かれてしまっている可能性があります。

　でも「ランドセルの絵」なら大丈夫です。コツさえ押さえれば、誰にでも素敵な作品ができます。コツを覚えて、みんなが楽しく、思い出いっぱいのランドセルの絵を、自信をもって制作できるようにしましょう。

▶ 準備物と指導の手順

【準備する物】

・八つ切り画用紙
・サインペン、絵の具
　（・タブレット：構図を決めて撮影し、写真を見ながら描くこともできます）

【指導の手順】

① 構図を考えて鉛筆で下書き（2時間）
　構図が大事。ランドセルの向きを考えます。
② サインペンでなぞる（1時間）
③ 絵の具で彩色（2時間）
④ 余白に一言、名前、スタンプ（1時間）
　書写の時間に毛筆で行ってもよい
　最後にスタンプ風に赤ペンで一文字を囲む
⑤ 互いの作品を見合う（1時間）

展開

01　コツ① 構図決め

　ランドセルは縦置きでも横置きでもよいです。背中側でも、カバー側でも大丈夫。紙と平行に書かずに少し斜めに置くことと、紙から少しはみ出して描くのがおすすめです。紐をくねらせたり、カバーをくたっとさせたりすると6年生のランドセルらしくなります。

02　コツ② 縫い目を細かく描く

　ランドセルにはよく見ると細かい縫い目がたくさんあります。ちょっと大変ですが、この縫い目一針一針をペンで描き込みます。これでかっこよさがアップします。「細かく描けてかっこいい」「素敵」など机間指導しながらたくさん褒めましょう。

世界に一つだけのランドセルを！

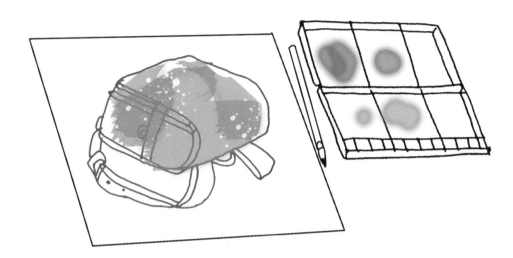

図画工作に自信がなくてもランドセルの絵は大丈夫。構図に注意しながら描いていきましょう。余白に一言添えるのがポイントです。

03 コツ③光っている部分をひと工夫

使う色は基本的に1〜2色なので、絵の具の彩色はそれほど難しくありません。せっかく描いた縫い目が消えないように、水をたっぷり混ぜて淡い色で塗るようにしましょう。

塗るというより、色を置くというイメージです。ちょんちょんと塗ると温かみのあるランドセルになります。同じ方向に筆を動かすと、革の質感が出ます。

少し高度ですが、カバー部分に一部塗らない箇所を作るとランドセルが光っているように見えます。光っている部分を表現したい子は、ランドセルの向きと、どこが光って見えるかを下書きのときからしっかり決めて、印をつけておきましょう。

04 コツ④余白に一言

最後に一言、ランドセルとの思い出や小学校生活の思い出を書きます。「毎日一緒に学校に行ってくれてありがとう」のように、ランドセルに呼びかけるように書くのもよいでしょう。習字が得意な子は、毛筆で仕上げても素敵です。余白に応じた文字数で、縦書きにするのがおすすめです。

仕上がったら名前を書いて、その下にスタンプ風に文字を入れます。赤ペンで四角い枠を描いて、その中に自分の名前の中の一文字を入れるだけでスタンプ風になります。少し斜めにしたりしてもいい感じです。

4月からのことを振り返ろう!

規範期から達成期へ

形成期 (メンバーを形成)	混乱期 (考え方、感情がぶつかり合う)	規範期 (共通の目標、役割分担が形成され始める)	達成期 (学級として機能し、成果を出す)
・お互いのことをよく知らない ・学級の共通の目標や明確には定まっていない ・子供たちの特徴や思い、考えなどが分かっていない	・子供たちの特徴や思い、考えに食い違いが起こり、人間関係などで対立が起こる	・学級の子供たちの特徴や思い、考えなどが共有され始め、統一感が生まれつつある	・学級に結束力が生まれ、相互にサポートができるようになる ・学級としてパフォーマンスを最も発揮する時期
4・5月	6・7・(8)・9・10・11・**12**月		1・2・3月

　今年も終わります。この1年は早く感じたでしょうか。それとも長く感じたでしょうか。なんにせよ、今年が終わります。終わりよければすべてよしではありませんが、よい終わり方をしましょう。

4月からのことを振り返ろう

　4月から今までのことを振り返ってみましょう。

・4月から子供たちは成長しましたか

・先生自身も教師として成長しましたか

　これらの二つの質問に対して、自信をもって「はい」と言えない方がほとんどなのではないでしょうか。また、「いいえ」とはっきりと答えてしまう方もいるのではないでしょうか。逆に自信満々で「はい!」と言われることの方がある意味心配なのですが……。

　ご安心ください。自信をもって「はい」と言えない方、「いいえ」とはっきりと答えてしまう方に対して、「もっと子供のために頑張れよ!!」と言いたいわけではありません。

　充分に子供のために頑張っています。本書を手に取っていただいている段階で、子供のためにどうにかしようという思いがあるのです。

　自信をもって「はい」と言えない方、「いいえ」とはっきりと答えてしまう方に対して言いたいことは、**視点を広げてください**ということです。

4月からみなさんは、教師として必ず成長をしています。

　子供たちの指導に試行錯誤した日々が、成長をさせてくれているのです。本を読んだり、学習会に参加したりすることも、自分自身を成長させてくれますが、やはり、**子供たちと過ごす日々の経験が何より自分を成長させてくれます。**

　自分では分からないかもしれませんが、断言することができます。

　同様に、**子供たちも4月に比べ、どの子も成長をしている**ということを断言できます。マイナスなことに人は視点が行きがちですが、心配はありません。

　この子は全然成長していないのではないかと思ってしまう子も、私のせいで子供たちが成長していないのではないかと思ってしまう子も、**先生や他の子供たちのおかげで成長しています。**

　実は、先生も子供も成長しているという視点をもてるように視点を広げてくださいと、上記で書いたのです。

　自信満々で「はい！」と言われることの方が……と書きましたが、「自分のおかげで成長しているんだ」と思ってしまうと、きっと傲慢な指導や接し方しかできなくなるように思います。自分の経験からそのように思うのです。

12月で紹介する項目
　この12月では、以下の行事や出来事について紹介をしていきます。

・学級会③
・宿題指導
・大掃除
・終業式②
・最後の冬休みをどう過ごすのか

4月　5月　6月　7月　8月　9月　10月　11月　**12月**　1月　2月　3月

学級会③

▶ねらい

　2学期を振り返るとともに、卒業までの自分たちの過ごし方や、残しておきたい思い出について話し合う場を作ることで、団結力をさらに高めましょう。

▶指導のポイント

　このころになると、子供たちは、卒業を意識し始めます。残りの日数を気にし始める子が出てくるのもこの頃です。

　そこで、この12月の段階で、「卒業まであと○日」というカウントダウンカレンダー（日めくり）を作っておくと、3学期のスタートから、カウントダウンを始めることができます。

　卒業までにしたいこと・できることを話し合わせる中で、担任から提案してもよいでしょう。

▶三つの観点で話し合おう

　「卒業までにどんな過ごし方をするか」「卒業までに何をすればいいか」などについて話し合わせる際には、「学級（学年）」「学校」「地域」の三つを観点にして、話し合わせます。

　「学級（学年）」という観点では、自分たちでやっておきたいことなどを決めさせます。

　「学校」という観点では、学校のためにしておきたいことを決めさせます。

　「地域」という観点では、地域のためにしておきたいことを決めさせます。

展開

01 学級で卒業までの過ごし方を話し合う

　3学期に入ってから、卒業までの過ごし方を考えるのではなく、12月に2学期を振り返る段階で、それと一緒に、3学期のことも見通しておきます。

　特に、子供たちは、卒業までの日数を気にかけます。

　そこで、日めくりのカウントダウンカレンダーを作ることを提案します。

　また、6年生としての意識を保つためにも、学級会などで、「学級（学年）でやっておきたいこと」と「学校のためにしておきたいこと」「地域のためにしておきたいこと」について話し合わせるようにします。

　場合によっては、スムーズに決まらない場合もあります。

　せっかく、自分たちで進めている話し合いも、それが長引くと、子供たちの意欲を減退させかねません。

　そういった場合には、担任もアイディアを出しながら、交通整理をしていきましょう。

　また、決まった活動の具体的な計画は、3学期に行います。

卒業までの過ごし方を学級会で決める

12月の学級会は、2学期までのことを振り返りながら、来る3学期、卒業式までの過ごし方について話し合います。クラスのみんなで何をするか、一つでも多くの活動をして思い出を増やしましょう。

02 カウントダウンカレンダーの作成

　カウントダウンカレンダーは、「1月8日のカードは○○さんが書く」というように、役割分担し、12月中に仕上げておきます。

　そうすることで、3学期スタートの段階から、1日1日数えながら過ごすことができます。

　卒業式の日のカレンダーカードは、学級全員で寄せ書き風にするのもいいですし、他の先生方にお願いをして、お祝いのメッセージを書いてもらったりするとサプライズプレゼントのような演出もできます。

宿題指導

▶ ねらい

宿題への思いを伝えたり、日々の小さな成長を見逃さずにフィードバックしたりすることを通して、「やらされる宿題」から「自分のための宿題」へと、子供の意識を変えていきましょう。

▶ 指導のポイント

6年生にもなると宿題への意識は子供によってかなりの差が開いていると考えられます。毎日同じような宿題が出され、それを嫌々6年生までしてきた子供は、「なぜ宿題をしないといけないの?」と批判的に捉えているかもしれません。

やる気を出して頑張ったときや成長が見られたときに、何かしらのプラスのフィードバックをして、子供自身が宿題をすることでの成長を感じられるようにしましょう。

▶ 長期休暇前の宿題指導

夏休みや冬休みなどの長期休暇には、それ相応の宿題を出します。全体の宿題量は多くても、1日の量で考えるとそこまで多くはないはずです。ただ、中には膨大な宿題を見て、「面倒くさい」「多すぎる」とやる気をなくす子供がいるかもしれません。そこで、長期休暇前に学校で少し宿題をする時間を取ります。

子供にとっての宿題へのマイナス感情は、「やっていない」からこそ生まれてくるものです。0から1へと、一歩踏み出すことがかなりのストレスになっているわけです。学校で少し時間を取ってあげると、子供は喜びます。長期休暇にしないといけないはずが、学校でできるわけですから、お得なのです。

そして、こんな声が出てきます。「先生、1ページすぐ終わったよ」「これ1学期習ったやつや! 簡単やん」「1日の量、そんなにないな」

0から1への一歩を経験させてあげることで見通しがもてます。子供のやる気を高めるちょっとした小技の紹介でした。

展開

01 宿題に対する思いを伝える

多くの学校で、宿題は出すべきものと決まっていると思いますが、その宿題を出す意味を先生自身で見出す必要がありますし、その思いを子供とも共有する必要があります。その意味が子供に伝わらなければ、「宿題はやらされているもの」となってしまい、日に日に宿題へのモチベーションは下がっていくでしょう。

6年生にもなると、学力差はもちろんのこと、学び方や学ぶ意欲にも大きく個人差が生じていると考えられます。全員統一で同じ量の同じ課題を出すのではなく、自主勉強のように「自分で決められる勉強」を宿題に出すことで、個に合った宿題指導ができます。

02 宿題へのフィードバックを

宿題の取り組みに対して、何かしらのフィードバックは必要です。ただ、宿題をゆっくり見てあげる時間が取れない場合も多くあると考えられます。フィードバックの方法をいくつか紹介します。基本的に宿題は毎日あるので、無理のない範囲で取り組みましょう。

・コメントを書いて返す
・様々なスタンプで評価をする
・子供を呼んで話をする
・宿題交流会をして、子供同士で
　付箋などを使ってコメントし合う
・学級に頑張ったノートを掲示する
・学級通信等に掲載する

自主勉強に込める思い

学級通信　自主勉強号

自主勉強は、学校の勉強の中でも、特に大切な勉強だと思っています。

勉強のほとんどは、与えられるものばかりです。
授業では、教科書に載っている文章を読んだり、
問題を解いたり、昔の時代を学んだり、
みんなが勉強できるようにしっかり用意されています。

では、みんなが大人になったらどうでしょうか。
こうしたらいいよ！という人生の教科書や、
こんなふうに解決したらいいよ！という問題集はあるでしょうか。
もちろん、そんなものはないですよね……。

いつかは、教師がいなくなり、親元も離れるように
なり、自分で勉強していかなければいけない日が
やってきます。
自分の夢を目指して、自分のしたいことをできるよ
うに、自分の頭で考え、自分で進む道を決めていかなければいけ
ません。
自主勉強をすることで、その力が少しはつくのではないかな？
と考えています。今のうちに自分で学ぶ力を高めていきましょう！

大掃除

▶ ねらい

自分の担当場所に責任をもって、掃除します。

▶ 指導のポイント

大掃除は、普段の掃除場所とは違うところを担当することもあります。また、いつもよりも丁寧に掃除することを目的とするために、普段よりも長めの時間が設定されることも多いです。そんな非日常の中で、どれだけ日常的な丁寧な掃除をできるかがポイントとなります。

また、小学校生活最後の大掃除となります。「6年間ありがとう」の気持ちで掃除をするように、働きかけていきたいものです。

▶ させられる掃除からの脱却

掃除のメンバーを教師都合で決めてしまうと、子供のやる気が低下する恐れがあります。人によって掃除の中にも得意なことや不得意なことがあります。例えば、雑巾でも、広範囲を拭くことが得意な子もいれば、隅々を丁寧に拭き取ることが得意な子もいます。その中で、「男子は◯◯をしましょう」や「出席番号の1から5は教室」と教師都合で決めてしまうと、「本当は◯をしたかったのに」と、子供のやる気を阻害する原因になるかもしれません。

そこで、子供自身が掃除場所を決められるようにします。そうすることで、教師都合で決めるよりも、格段に不満は減るでしょう。ただ、掃除場所によって負担が異なると、「楽だから◯がいい」と言う子が現れます。それぞれの掃除場所の掃除内容やどんな人が向いているのか、こういったところは丁寧に説明したいところです。自分で選ぶことを通して、少しでも掃除場所への責任感をもたせたいところです。

展開

01 それぞれの掃除場所の説明

掃除場所の説明はとても大事です。どこを掃除するかよりも、「廊下は長い距離をきれいにする体力が必要」「階段は隅を丁寧に拭くこだわりが必要」など、どんな人がその掃除場所に向いているのか、得意を生かせる場所を選べるように声をかけます。

02 掃除場所の決定

ただ自由に掃除場所を選ばせると、どうしても人数の偏りが生じます。「どこでも頑張れるよって人?」と最初にアンケートを取るようにしておくと、多少の偏りも調整できるようになります。どこでも頑張れると答えたことについては、その前向きさを価値づけます。

感謝の気持ちで掃除する

掃除の担当は教師の都合で決めず、得意不得意を考え、子供たち自身で決められるように促します。

小学校最後の大掃除。6年間の思い出と感謝の気持ちをもって取り組めるようにしましょう。

03 掃除の時間

掃除場所によっては、子供が初めての場所もあるかもしれません。そんなときは、教師が一緒に掃除をしてもいいでしょう。言葉で指導するよりも、教師が実際に手を動かし、体を動かした方が、「責任をもって掃除をする」ことが具体的な姿として子供に伝わります。

04 振り返り

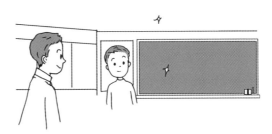

6年生の大掃除は、小学校生活最後の大掃除となります。「頑張ったね」で終わらずに、「6年間この学校をきれいに掃除してくれてありがとう、みんなのおかげで隅々まできれいになりました」と、感謝の気持ちを担任の口から伝えてあげるのもいいかもしれません。

終業式②

▶ねらい

今年の思い出を共有しながら、一人ひとりが成長を実感できるような一日にしましょう。

▶指導のポイント

一年の終わりを迎えるということで、テレビをつけると「流行語大賞発表」や「1年間の名場面を振り返ろう」、「今年の漢字」といったように、1年間を振り返るイベントがたくさん開催されています。

6年生は、初めてのリーダー経験、最後の運動会、修学旅行など、様々な特別な経験を積んできました。子供たちがそんな一年を振り返り、成長を実感できるような取り組みができるといいですね。

▶個人目標の成長をシールで可視化

月末に個人目標を振り返る機会をとります。達成できたと思う目標にシールを貼ります。4月から継続して頑張った目標には、最大8個シールが貼られることになります。シールが増えるごとに、子供は成長を実感することができます。

終業式では、教師から子供へ通知簿を渡してメッセージを伝えますが、その前に子供から教師へ、目標シートを見ながらどんな目標を頑張ったのか伝えてもらいます。子供が頑張った目標を教師に伝え、教師が通知簿で子供の頑張りを伝える、双方向のコミュニケーションを大切にしています。

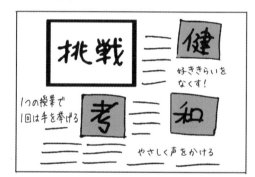

展開

01 今年の漢字で振り返り

例年、終業式の1週間前あたりに「今年の漢字」が京都・清水寺にて発表されます。そこで、このクラスでも漢字1文字で振り返ってみようと子供たちに提案します。アンケートをもとに、終業式までに学級通信を書きます。

今年の漢字を1文字で表すと？

02 成長を伝える

終業式当日は、宿題を配布したり、通知簿を渡したり、冬休みの過ごし方を説明したりと、やることがたくさんあります。特に、通知簿を一人ひとりに渡してメッセージを伝えると、全体に話をする時間は限られます。

右のような学級通信を用意していると、数分で思いを伝えることができます。ポイントは、子供だけではなく、先生の「漢字」も紹介することです。その漢字を通して、子供たちの成長を伝えるようにします。学級目標についてクラスで取り組んだことなど、できるだけ具体的に子供たちに話をします。

また、このような学級通信にすることで、保護者にも学級の成長を伝えることができます。

たんぽぽ

新しい年に向かって

あっという間に２学期が過ぎてしまいました。
どんな一年だったでしょうか。

【今年一年を表す漢字は 密】

新型コロナウイルス感染症の世界的流行や、大切な人との関係が密接になったこと、政界や芸能界で秘密が多かったことなどから、『密』という字に決まったそうです。

子どもたちに聞いても『密』という言葉を知っている人が多かったです。

「密にならないように！」「３密は避けようね！」などの言葉を耳が痛くなるくらい聞いたからだと思います。臨時休校やマスク生活、旅行や外出を控えるなど、子どもたちにとっても我慢、我慢の一年であったはずです。その中でよくがんばってくれました。

子どもたちも、この一年間を漢字一文字で表してみました（すべて紹介します）。

<u>１組</u>
【幸・楽・友・成・花・学・明・勉・逃・新・健・注・命】
<u>２組</u>
【優・心・私・走・考・笑・楽・力・守・友・旅・絆・気・張・異・家・感・外・健・怖】

毎日学校にいると、うれしいことばかりだったから【幸】、みんな花みたいにほわほわして、心がやさしいから【花】、コロナで暗くならず明るく楽しくいたいから【明】、掃除が終わっていないと、みんなで力を合わせてがんばったから【力】、コロナに負けるな、友達やみんなを失いたくないから【守】、いま私は生きているから【私】。

一つひとつのメッセージにじーんと感動してしまうのは私だけでしょうか。この時代を受け入れ、前向きにがんばろうとする子どもたちの強い思いが伝わってきました。

【コタニッキ】

漢字一文字で表すと【温】。毎日クラスにいると、子どもたちのおかげで心が温かくなるんです。困っている友達がいると「大丈夫？」と声をかけたり、休み時間は「一緒に遊ぼう！」と誘ったり、授業中の友達の発表は「うんうん！」と優しい表情で聞いて安心できる空間を作ったり、担任である自分にも「先生の授業、おもしろい！」「毎日、学校が楽しい」とうれしい言葉をかけてくれたりと、毎日心温まる思い出がたくさんできました。かわいくて心優しい子どもたちに囲まれて、本当に幸せです。

12
DECEMBER

| 4月 | 5月 | 6月 | 7月 | 8月 | 9月 | 10月 | 11月 | **12月** | 1月 | 2月 | 3月 |

最後の冬休みを
どう過ごすのか

▶ ねらい

　子供たち自身で、冬休みの過ごし方を考えさせ、意義のある冬休みにできるようにしましょう。

▶ 指導のポイント

　最後の冬休みは、3学期によいスタートダッシュができるように、意義のある過ごし方をさせたいものです。

　そのためにも、これまでの長期のお休み以上に計画性と高い意欲が必要になります。

　また、この時期になると、中学受験をする子は、そのことに集中して取り組んでいる時期になります。

　そういったことも考慮に入れて、計画を立てさせるようにしましょう。

▶ 計画を立てさせるポイント

　子供が計画を立てるときに、よくつまずく原因の一つに、「具体的にイメージできない」ということがあります。

　計画を立てるということは、大人が思うほど簡単なものではありません。

　そこで、4月から、何度か、計画を立てたり、それを修正したりする経験を積ませておくことが大切です。

　場合によっては、目標を修正することがあってもいいでしょう。

　また、冬休みに向けて、意欲を高めるために、ここまでの頑張りを評価したり、あるいは、偉人が努力の積み重ねによって大成したような話をしたりすることも欠かせません。

展開

01 学級で話し合う

これまでの学年での経験を出し合う場にします。
「これをしたら失敗したよ」
「計画を立てても、ここが難しいよね」
「こう過ごしたら、うまくいったよ」
というように、これまでの成功や失敗談を出し合うと、計画を立てるときに役立ちます。

02 計画を立てる

　実際に計画を立てさせます。

　右のように、あらかじめ作成しておいた学級通信をワークシートのように活用すると、家庭でも話題にしてもらうことができます。

　右の計画表で言えば、目標は、できるだけ、「○○な過ごし方をする」「苦手な部分を克服する」のように、焦点化した目標にするとよいです。「学習」の欄は、時間で計画を立てる子もいれば、「○ページ」というように量で計画を立てる子もいるので、選べるようにしています。「自己学習」の欄は、自由記述にします。

　また立てた計画は、まわりと交流させると、修正するきっかけが生まれます。

○○だより

#がんばったね　#計画　#最後の冬休み

最後の冬休み

　いよいよ小学校生活最後の冬休みです。この冬休みには、受験勉強に取り組む子、これまでの復習に取り組む子、体力づくりに取り組む子など様々だと思います。そこで、一人一人計画を立ててみました。

どう過ごす？

　この2週間の過ごし方で、何かが大きく変わることはないかもしれません。自分で目標を立て、計画を立て、それを修正しながら目標を達成に近づけることは、大切な経験になります。最後の冬休み、子どもたちがどう過ごすか、ご家庭でも話題にしてみてください。

計画を立ててみよう。

目標

月日	曜日	学習	自己学習
12/24	水		
25	木		
26	金		
27	土		
28	日		
29	月		
30	火		
31	水		
1/1	木		
2	金		
3	土		
4	日		
5	月		
6	火		
7	水		

計算ドリル＝計　漢字＝か　ワーク＝ワ
2時間＝2H　5ページ＝5P

※修正したときは赤で書き入れよう

卒業というゴールに向かって
油断せずに取り組む

1 月

さあ！達成期だ！

新しい年の始まりです。今年は子供たちにとっては大きな変化がある年です。

そうです、中学校という新たなステージへと子供たちは進んでいきます。だから、6年生の集大成、6年間の集大成を目指し、この3学期は達成期を目指していきたいものです。

形成期 （メンバーを形成）	混乱期 （考え方、感情がぶつかり合う）	規範期 （共通の目標、役割分担が形成され始める）	達成期 （学級として機能し、成果を出す）
・お互いのことをよく知らない ・学級の共通の目標や明確には定まっていない ・子供たちの特徴や思い、考えなどが分かっていない	・子供たちの特徴や思い、考えに食い違いが起こり、人間関係などで対立が起こる ⟷	・学級の子供たちの特徴や思い、考えなどが共有され始め、統一感が生まれつつある	・学級に結束力が生まれ、相互にサポートができるようになる ・学級としてパフォーマンスを最も発揮する時期
4・5月	6・7・(8)・9・10・11・12月		1・2・3月

6年生に限らず、この3学期の1、2、3月は時間が過ぎるのが速いと言われています。しかし、6年生の場合は時間が過ぎる速度はそれよりももっと速いです。だから、計画的に取り組んでいきましょう。また、これをしたい！と思ったことはどんどん取り組んでいきましょう。

3学期のテーマは、ずばり「卒業」です。いよいよ小学校生活も最終コーナーです。ゴールはもう直前です。

ゴールが見えているからこそ……

ゴールが見えてきたからこそ、油断をせずに取り組んでいきましょう。ただ、子供たちも卒業というゴールが見え、気持ちがフワフワしているかもしれません。

これまでしっかりとできていたことができなくなることが増えるかもしれません。これぐらいでいいか〜という甘い基準になっている子もいるかもしれません。

そこで、「ちゃんとやれ！！」「気持ちを切り替えろ！」と大声で叱ることは簡単です。

しかし、子供たちには長期的な効果はないことでしょう。同じことを繰り返し、また大声で叱る……。これを繰り返すと、負のスパイラルに陥ってしまいます。負のスパイラルに陥ると、ここまで築いてきた関係が一瞬のうちに崩れていってしまうことでしょう。

信頼を失うのは一瞬。取り戻すのは一生という言葉もあります。

つまり、そういったフワフワした気持ちによって起こる子供たちの行動を見逃せと言いたいわけではありません。別の方法があるのではないかということです。

　先生の思い、本音を語ればよいと考えています。

　何か、熱血教師、名物教師のような手法、何か、青臭い方法と思われたかもしれませんが、子供たちと9ヶ月も過ごしてきました。先生と子供に関係があるのではないでしょうか。

　自分に対して、本音を語ってくれる大人はそう多くはありません。これはテクニックやスキルとしての紹介ではありません。テクニックやスキルを卓越したものだと考えています。

　すぐには伝わらないこともあるかもしれません。しかし、何度も繰り返すことで必ず子供たちのもとに届きます。

　また、改めて自分の行動も見直しておきましょう。

　例えば、**時間を守れ**と言って、先生が時間を守っていないのでは何も説得力はありません。

1月で紹介する項目

　この1月では、以下の行事や出来事について紹介をしていきます。

・始業式②③
・学級会④
・児童会
・卒業アルバム

始業式②

▶ねらい

　6年生の3学期の始業式は、残り2ヶ月ほどの小学校生活のカウントダウンが始まる日です。大切な一日をゆったりとした気持ちで迎えられるよう、準備をしておきましょう。

▶指導のポイント

　初日にやることを学年で共通理解しておきましょう。初日は意外と時間がない中になりますが、宿題集めやプリント配布など作業を行うだけの日にならないようにします。

　また、スタートダッシュを強要しないように気を付けます。冬休み中に本を読んだり勉強会に参加したりして気合い十分な先生もいらっしゃるかもしれませんが、スタートは焦らずゆっくり、場をあたためていきましょう。

▶初日にやることの例

① 健康調べ

② 始業式

③ 宿題集め、プリント配布

④ 何か一つ楽しい活動を

　「来てよかったな」「学校って楽しいな」と思えるような活動を一つ用意しておきます。やるべきことが終わり、時間に余裕があればこれをやろう、くらいの気持ちで準備しておくと安心です。

【活動例】

・福笑い

・冬休みビンゴ

・すごろく

⑤担任の話

　冬休みの先生の体験談から入り、卒業を見据えた話を用意しておきます。思いが伝わるように短い言葉で、一人ひとりと目を合わせながら話しましょう。

展開

01　黒板メッセージで迎えよう

　3学期のスタートということで、
「あけましておめでとうございます」
と書きたくなりますが、年賀状と同じ感覚で、全員にこの言葉で本当に大丈夫かな？とよく考えて、黒板メッセージを書きます。

　初日から熱い思いをたくさん書くよりは、イラストを入れながら、「久しぶりに会えてうれしい」「3学期も楽しい思い出をたくさん作ろう」という担任の思いを短い言葉で伝えるとよいでしょう。

02　始業式の前に

　始業式に行く前に確認したいのは、一人ひとりの心身の健康チェックです。気になる表れがあればすぐに個別で対応します。管理職への報告が必要な件があれば朝のうちに。

　始業式はどんな式なのか、どんな態度で臨んだらよいのか伝えてから式に臨みます。

気持ちが温かくなる黒板メッセージ！

みんな
久しぶりだね！
会えてうれしいよ！

年明けなので「あけましておめでとうございます」と
なりがちですが、そうではなく子供たちが学校に来て
よかったなと思えるような安心感のあるメッセージを
贈るとよいでしょう。先生の似顔絵なども添えると、
子供たちも笑顔になります。

03 始業式の後はまず褒めよう

　始業式での6年生らしい態度をまず褒めるところか
ら始めたいものです。
　しかけをして、できたら褒める。3学期も1日1日
を大切に、この小さなサイクルをたくさん回していき
ましょう。

04 宿題集めは速さの中に丁寧さを

　長期休みの後と言えば、提出物がたくさんあります。
事務的に提出していけば効率はよいですが、習字や絵
画など、頑張りの見えやすいものだけでも、「頑張った
ね」などと言葉をかけながら集めていきましょう。

始業式③

子供たち全員に、自身の似顔絵と一緒に3学期の目標を書いてもらい、やる気を高めます。

▶ねらい

　卒業までの残り3ヶ月の小学校生活と、中学校進学を意識して、始業式に参加できるようにしましょう。

▶指導のポイント

　3学期は次の学年の0学期（準備期間）とも言われています。いよいよ卒業まで残り3ヶ月となり、中学校進学も控えている子供たち。その心境は複雑で、なんとなく落ち着かない姿も見られるのがこの時期です。子供たちの不安と期待が入り混じる気持ちに寄り添いましょう。残りの小学校生活を大切にでき、同時に中学校への希望がもてるようなスタートが切れるように意識して始業式に参加できるようにしましょう。

展開

01 「おかえり」黒板で迎える

　始業式は新年に入り、初めての集合です。家庭の事情は様々なので、冬休みの過ごし方に触れる話には配慮しましょう。教室は子供たちと、先生にとって大切な居場所です。黒板や学級通信、最初の挨拶などで「おかえりなさい」と迎え入れる雰囲気を作ります。

02 始業式への心構えを話す

卒業まで
48日

　子供たちと一緒に卒業までの日数を数えたり、残された学校行事を確認したりして、小学校最後の始業式であることを意識させます。始業式をきっかけに一人ひとりが心の現在地を確認し、目標をもって3学期のスタートが切れるような事前指導を意識しましょう。

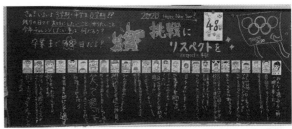

03 個人目標を立てよう

始業式後「どんな一年にしたいか」を尋ねます。「3学期」に限定してしまうと、子供たちの思考は制限されてしまいます。卒業は人生の通過点。ゴールであり新たなステージへのステップアップです。大切な節目であることを意識した、言葉がけを選びたいですね。

04 集団目標を立てよう

リーダーとして駆け抜けてきた6年生のラストスパートです。残りの日々で自分たちに何ができるかを考えさせましょう。「感謝」「伝承」「愛校心」などのキーワードを示すと具体的にイメージしやすいです。子供たちのアイディアが実現できる3学期にしましょう。

4月　5月　6月　7月　8月　9月　10月　11月　12月　**1月**　2月　3月

学級会④

［ダブルダッチの学級記録に挑戦］

▶ねらい

残りわずかな学校生活を充実させるために、学級や学校、地域のためにできること・やっておきたいことを実現させましょう。

▶指導のポイント

12月の学級会で、考えていた活動内容の計画を立て、実現に向けて行動していきます。

日時（期限）・場所などを、担任と一緒に考える場にしましょう。

それぞれの活動に、リーダーを決め、その子供たちと担任で、調整を進めたり、運営上で困ることの相談に乗ったりします。

リーダーが活動のすべてを担うのではなく、判断と指示の役割を重視させます。

全員を巻き込むのがポイントです。

［地域のごみ拾い］

12月の学級会で決めた計画を実施していきます。全員が参加するようにすることで、クラスの団結力をさらに高めていきましょう。

展開

01 計画の話し合い

2学期末に、既に活動内容は決まっていますので、それに取り掛かる日時であったり、場所であったりを、具体的に決めていきます。

このときに、それぞれの活動に対して、3人程度のリーダーとなる子も決めます。

計画が決まったら、リーダーたちに、右のような「活動計画書」を作ってもらい、配布します。

02 計画の実行

活動するときは、リーダーだけが活発に動いてしまうと、他の子たちが消極的になってしまいます。

リーダーの子たちには、状況の把握をすることに努めるように伝え、指示を出したり、声をかけたり、道具を管理したりする役割をさせます。

立つ鳥跡を濁さず
TAN　プロジェクト──学校担当班

活動報告書

2月○日に、みんなで体育館のまわりと、遊具のまわりを掃除します。体育館のまわりは雑草が増えてきていますので、きれいにします。遊具のまわりは、低学年の子が遊ぶときの邪魔になりそうな雑草があるので、それを抜いたり、石を拾ったりします。他にも気が付くことがあれば、どんどん掃除していきましょう。小学校生活の最後に、みんなで学校のためにがんばりましょう。

プログラム

日　　　　時：２月○日（●）14：40〜

掃 除 場 所：体育館まわり（１・３・５班）※Aさんがリーダー

　　　　　　　遊具まわり（２・４・６班）※Bさんがリーダー

担　　　　当：ゴミ袋５枚（Cさん）※先生にもらっておく。

　　　　　　　一輪車２台（Dさん・Eさん）

　　　　　　　石を入れるバケツ（Fさん）

準備するもの：軍手・帽子・水筒

4月　5月　6月　7月　8月　9月　10月　11月　12月　**1月**　2月　3月

児童会

▶ねらい

　1年間の児童会活動のまとめの時期です。常時活動のまとめも丁寧にしていきますが、特別なイベントを企画し、全校児童を巻き込んで学校全体を盛り上げましょう。

▶指導のポイント

　児童会のイベントというと、挨拶など常時活動をテーマにしたイベントが思い浮かびますが、年度末ということで、全校児童で行う特別なイベントを企画してみませんか。

　ここでは、1年生から6年生までの希望者が特技を披露するイベント「自慢大会」を紹介します。意外な特技がある友達を知ったり、低学年児童が高学年への憧れを抱いたりするきっかけになるイベントです。

▶披露する特技の例

　音楽が好きならピアノやリコーダーなどの演奏、運動に自信がある子は跳び箱や縄跳び、図画工作が好きならイラストや似顔絵、低学年の子ならこままわしやけん玉など、どんなことでもOKです。近年では1人1台端末の導入により、タイピングやプログラミングも披露の対象になります。

　学校で習っていないことでもよいとすると、手品やダイススタッキングなど、披露する種目も多様なものになります。

　児童会の担当の教師は、職員にも広く声かけをしましょう。そして先生たちの隠れた特技も披露すると盛り上がります（教師が主役にならないように気を付けます）。

　対面での開催が難しければ、録画開催にすれば何度でも撮り直しが可能です。編集（録画をつなぎ合わせる）時間が必要になりますが、何度でも見ることができるため、録画開催もおすすめです。

展開

01　企画をしよう

　児童会が企画・立案をします。年度末特別企画と題して、全校児童を巻き込んでどんなイベントができそうか話し合いましょう。1～6年生みんなが楽しめるイベントがよいですね。縦割りでの活動が盛んな学校は縦割りの単位で参加しても面白いでしょう（ここでは「自慢大会」を紹介します）。

　イベントですので、全員絶対参加ではなく、有志での参加をおすすめします。

　イベントの詳細が決まったら、必要な係を子供たちと相談しながら決めましょう。

02　参加者を募集しよう

　広く募集をするために、ポスターを作ったり放送で呼びかけたりして、各学級から参加希望者を募ります。「名前」「披露する特技」「必要なもの」「所要時間」を書ける用紙を配布するとよいでしょう。

全校児童を巻き込んだ一大イベントに！

全学年から希望者を募って行います。けん玉、跳び箱、ピアノ演奏、手品……。好きなことなら、どんなことでも構いません。先生も参加して普段見せなかった隠し芸を披露すると、よりイベントは盛り上がります。

03 計画を立てよう

　参加希望者が集まったら、児童会で大会当日の計画を立てます。
・対面開催か録画開催か
（管理職とも相談しましょう）
・いつ、どこで行うか
（応募者多数なら何日かに分けて行う必要があります）
・どの順番で行うか
（効果的な見せ方を考えましょう）
・当日の担当の確認
（司会、インタビュアー、キャラクター、
　待機部屋、録画係……）
　録画開催であれば、1人1台端末を有効に活用することで短時間での録画が可能です。

04 大会を開催しよう

　対面開催なら見たい人を集めましょう。リアル開催ならではの失敗もあるかもしれませんが、司会者が臨機応変に対応します。録画なら成功するまで撮り直しができ（最後にNG集を入れるのも面白いです）、都合のよい時間に各教室で見ることが可能です。

4月　5月　6月　7月　8月　9月　10月　11月　12月　**1月**　2月　3月

卒業アルバム

▶ねらい

6年間通ってきた小学校の思い出が詰まったアルバム制作です。写真選びや文集づくりでは、「一人ひとり」と「わたしたちらしさ」を大切にしていきましょう。

▶指導のポイント

6年生の卒業を記念し、制作するのが「卒業アルバム」です。卒業から何年たっても学校名とともに残り続けるものであるため、写真選びや言葉選びに責任をもって制作に当たりましょう。また、教員や一部の児童の手のみで作成して満足して終わることがないよう計画したいです。制作担当を全員に割り振ったり、実行委員を立ち上げたりと、子供たちが中心となって活動し、制作できるようにしましょう。

展開

01 写真撮影

どのように写真を撮るかを話し合います。例えば、個人撮影のときは何か持つのか、クラス撮影はどんな活動をしているところにするのかなどです。「自分たちらしさ」が写真に収められるといいですね。入学から5年生までの写真データも確認しておきましょう。

02 文集（学年・学級のページ）

役割分担して全員が文集作成にあたることをおすすめします。文集委員を中心に作成する場合は、各学級の意見を大切にしましょう。また、他の学級がどのような内容を掲載するのかも情報交換すると、内容やレイアウトなど質の向上が目指せそうですね。

一人ひとりの思いが詰まった卒業アルバムを

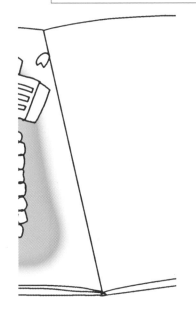

「私たちらしさ」が詰まった卒業アルバム。
一人ひとりの個性が生きるように、写真や文
集の掲載には気を配りましょう。

03 文集（個人のページ）

　子供たちの文集の下書きは、タブレットで行い、提
出してもらいましょう。添削や訂正依頼も子供一人ひ
とりのペースに合わせて対応できます。清書は、デー
タを印刷するか手書きにするかは学校によって違いま
す。よりよい仕上がりを求めて話し合いましょう。

04 何度もチェック

　写真は全員が写っていますか？　写っている数に大
きな差はありませんか？　誤字脱字はありませんか？
　この先ずっと残り続ける卒業アルバムです。原稿が
できたら、まず学年の先生で目を通し、最後に管理職
にも見てもらう等、多くの人数で何回もチェックしま
しょう。

5年生への引き継ぎを意識する

達成期

形成期 （メンバーを形成）	混乱期 （考え方、感情がぶつかり合う）	規範期 （共通の目標、役割分担が形成され始める）	達成期 （学級として機能し、成果を出す）
・お互いのことをよく知らない ・学級の共通の目標や明確には定まっていない ・子供たちの特徴や思い、考えなどが分かっていない	・子供たちの特徴や思い、考えに食い違いが起こり、人間関係などで対立が起こる	・学級の子供たちの特徴や思い、考えなどが共有され始め、統一感が生まれつつある	・学級に結束力が生まれ、相互にサポートができるようになる ・学級としてパフォーマンスを最も発揮する時期
４・５月	６・７・（８）・９・10・11・12月		１・**2**・３月

　いよいよ、子供たちにとって最後の○○が始まっていくことでしょう。最後の○○に対して、感傷的になる子もいれば、いつもどおりの子もいることでしょう。最後なんだから、全員が感傷的になる必要はありませんが、きっと担任の先生方は感傷的になることでしょう。

　別れが近づいているにもかかわらず、達成期に入り、クラスは成熟しているはずです。学校に登校する日も残り少なくなってきました。日々を大事にして、過ごしていきたいものです。

後輩たちに

　そろそろ終わりが見えてきました。終わりが見えてきたということは、新たな何かが始まるということです。子供たちが小学校生活を終えるのと同時に、新たな６年生（現５年生）が誕生します。

　４月、この子たちが６年生として様々な活動を行い始めたとき、うまくいかなかったこともたくさんあったことでしょう。しかし、今はどうでしょうか。

　頼もしい子供たち、後輩思いの子供たちのことを誇らしく感じるのではないでしょうか。

　さらに、８ページで書いた、

・最高学年としてみんなのお手本となる存在
・学校のリーダー
・様々なことを引っ張っていく存在

といったことも達成しているかもしれませんね。

この１年間は子供たちは学校のために、１〜５年生のために、そして自分のために様々な活動に取り組んできたことでしょう。本当にお疲れ様でした。そういった頑張ってきたことを、新６年生をはじめ、後輩たちに引き継いでいってもらいたいものです。

　６年生のこれまでの頑張りを見て、後輩たちはきっと大切なことを引き継いでいることでしょう。

　そこで、他学年を交えた委員会やクラブ活動などでは、**５年生の子たちを中心に運営し、それを６年生がサポートする**といったことが行えると、より円滑に引き継いでいくことができます。

　きっと５年生は、最初はうまくいかないこともあることでしょう。そんな様子を見て、６年生の子供たちが「**自分もそうだったな〜**」と振り返り、この１年間で**力がついた**ということを実感してくれるかもしれません。

　こういったことが、**６年生の子供たちが後輩に残すことができる最大の財産**なのかもしれません。

２月で紹介する項目

　この２月では、以下の行事や出来事について紹介をしていきます。

・最後の授業参観①②
・節分集会
・６年生ミッション③

最後の
授業参観①

▶ねらい

　子供たちが団結して、一つのことを成し遂げようとする姿を見てもらいましょう。

▶指導のポイント

　最後の参観日となると、子供たちは、保護者の方に自分たちの成長を見てもらおうと、意欲的な姿勢になります。

　そこで、どんなことをすると、自分たちの成長が伝わるかを考えさせ、計画・運営に取り組ませていきます。

　このように、教師は補助に回りながら、子供たちが主体となって取り組むのも、一つの手段です。

▶配慮すべきことに気を付けよう

　子供たちが決めたことのすべてに取り組めるといいのですが、中には配慮を要する内容もあります。

　例えば、手紙を読む場合でも、参観日当日、保護者の方が来られないこともあります。

　そうした場合には、動画に撮って、後日、保護者に見てもらうというような何らかの配慮が必要になります。

展開

01 学級で話し合う

　テーマなどを決めさせて、参観日に取り組むことを話し合わせます。
　親子で関われるようなものや、感動してもらえるような内容を考えるように、子供たちには、あらかじめ伝えておきます。

02 計画も運営も任せる

　これまでの学校行事で、先生たちがどんなことをしていたのかを思い起こさせると、自分たちでプログラムを作ったり、演出を考えたりするなど、子供たちならではの発想が生まれやすくなります。
　ただし、任せっぱなしにするのではなく、常に子供たちの様子や作成物をチェックしながら進めていきましょう。

最後の参観日

案 内 状

2 月○日は、最後の参観日です。わたしたちは、家族の人たちに喜んでもらうために、いくつかのイベントを考えています。お越しになる場合は、運動できる服装と上靴をご用意ください。手紙も読む予定です。ハンカチもお忘れなく。

プログラム

1　はじめのあいさつ

2　親子対決○○○○○○

3　お手紙

4　フォトムービー

5　おわりのあいさつ

日　時：2月○日（○）13：50〜
場　所：○○小学校体育館
準備物：運動できる服装、上靴、ハンカチ

2月

最後の
授業参観②

▶ねらい

子供一人ひとりが主役になれる活動で、小学校最後の授業参観を締めくくります。保護者の方にもタイムスケジュールをお知らせして、お子さんの発表を見てもらえるようにしましょう。

▶指導のポイント

小学校最後の授業参観。担任の先生も気合いが入りますよね。保護者の方々の感慨もひとしおなのではないでしょうか。

ここでは、「小学校生活を振り返った漢字一文字の発表」という少し特別感のある授業を紹介しますが、普通の授業を普通に行うのもまたかけがえのない1コマになるでしょう。

学年での足並み、子供たちの実態や地域性、家庭環境にも配慮しましょう。

▶教師の役目

最後の授業参観ですから、子供一人ひとりが主役になれるようなしかけを考えましょう。

教師は事前の準備こそ手厚くしますが、当日は見守り役に徹します。オルゴールのBGMを流すと素敵な演出ができますよ。

【授業参観前後の流れ】

・1か月前までに、保護者に授業参観のお知らせをする。おおまかな内容も伝えておく。

・2週間前までにタイムスケジュールを保護者に知らせておく。他学年でも同じようなことをする場合、兄弟で時間が重ならないように調整する。

・当日はBGMを流す。ビデオカメラを置いて録画しておく。

・事後は、当日来ることができなかった保護者のために、学年通信にQRコードを付けたりClassroomでお知らせしたりして、当日の動画を配信する（動画の扱いについては、自治体や学校のルールに従ってくださいね）。

展開

01 小学校生活を振り返ろう

自分で書いた卒業文集を読み返したり、「6年生を送る会」などの催しで作成したスライドがあればそれを見たりして、6年間を振り返りましょう。

振り返りの視点は、「自分の中の成長や前向きな変化を感じられたことを見つける」ということです。見つけたことを漢字一文字にして、なぜその漢字にしたのか理由も考えます。

「友」「絆」などが多くなる可能性があります。誰かと同じでもよいですが、自分だけの特別な一文字を探せるとよいですね。

02 毛筆で書こう

自分が決めた一文字を毛筆で書きます。名前も入れておくと掲示にも使えます。

「優」という字に丸みを帯びさせるなど、毛筆で習った通りでなく、自分なりに少しアレンジして書くのも面白いです。

漢字一文字を発表する授業

子供たちが小学校生活を振り返って考えた漢字一文字を、子供たち自身で書いた作文と共に紹介していきます。大切な人への感謝の気持ちを添えるようにすれば、クラス全体が心温まる時間になります。

03 理由を作文にしよう

作文といっても、「わたしが小学校生活を振り返ったときに思い浮かぶ文字は○○という字です。理由は……」といったシンプルなもので構いません。具体的な場面があると一人ひとりの「らしさ」が表現できます。

04 最後に手紙を添えても

小学校生活を振り返った漢字一文字の発表が終わったら、最後に、自分の大切な人へ宛てた手紙を読むというのも素敵です。

具体的な場面を挙げて感謝の気持ちを伝えるものにしたいですね。思わず泣き出してしまう子もいるかもしれません。学級の実態に応じてアレンジしたり、事前指導を念入りにしたりと学年の先生方と相談しましょう。また、手紙を人前で発表することに抵抗がある子もいます。その場合は渡すだけでもよいでしょう。

心温まる時間になるよう、準備やシミュレーションは念入りに行いましょう。

4月　5月　6月　7月　8月　9月　10月　11月　12月　1月　**2月**　3月

節分集会

▶ ねらい

5年生と一緒に児童会企画を実行することを通して、小学校での楽しい思い出づくりと、リーダー継承の意識を育てましょう。

▶ 指導のポイント

2月に入ると、6年生は一足先に卒業式に向けて動き始め、様々な場面で5年生への引き継ぎが行われます。また、全校行事は少なくなるため、他学年との交流機会も減ってきてしまうのではないでしょうか。6年生としての活動機会が減って、時間と心にゆとりができたときだからこそ、子供たち企画の児童会活動を行い、全校を盛り上げましょう。5年生と合同企画もいいですね。ここでは、2月にピッタリな「節分集会」を紹介します。

▶ 節分集会の準備

3学期に入ったら、さっそく計画を進めていきましょう。この節分集会は、6年生がメインとなって企画し、下級生たちとの楽しい思い出が共有できる場にしたいですね。また、5年生と合同企画で行い、リーダー引き継ぎの一つにしてもいいかもしれません。

ただし、この時期の5年生は、「6年生を送る会」の準備や登校班長の引き継ぎなどがあり、忙しいかもしれません。5年生の先生方に事前に相談してみましょう。

展開

01 企画・準備をしよう

まずは、各学年に「昼休みに6年生と遊びたいこと」についてアンケートを取り、その遊びと節分をどのように結びつけられるかを考えます。

例えば、右のイラストは「逃走中〜6年生の鬼ハンターから逃げよう」の企画です。6年生が鬼のお面をかぶってハンターになり、下級生を追いかけます。ルールの一つに「捕まった人は、5人で一緒に『鬼は外、福はうち』と見張り役の6年生に伝えたら解放される」を設定しました。また、逃走者のミッションカードに「クラスに招きたい福をマイクで紹介したら全員解放できる」などを入れたことで盛り上がりました。このように、役割分担やアイディアは各学級や学年で話し合うようにしましょう。

02 節分集会をしよう

節分集会のような自主開催の児童会は、昼休みなどの位置づけになることと思います。アンケートの遊びなどによりますが、「〇日は低学年と集会」などと決め、人数や時間に配慮して計画をし、実行するようにしましょう。

集会は遊ぶだけで終わることのないよう、低中高の発達段階に合った「節分の由来」などを説明したり、クイズにして伝えたりすることも大切にします。「〇年〇組の退治したい鬼と招き入れたい福」を各学級が発表する時間を取ったこともあります。それを下駄箱などに掲示し、他学年と情報共有するのも好評でした。全校児童が楽しみながら日本文化に触れることができる児童集会です。

逃走中～６年生の鬼ハンターから逃げよう

テレビ番組の『逃走中』を取り入れた企画。６年生が鬼に扮したハンターとなって、下級生を追いかけます。このようにゲーム性を取り入れると、節分も大いに盛り上がります。

節分集会では遊びだけで終わらないように気をつけます。「節分とは何か」や「節分の由来」を発表したり、話し合うことで日本文化に興味・関心をもつようにしましょう。

6年生ミッション③

▶ねらい

6年生ミッションを学期に1回ずつ紹介してきましたが、今回で最後のミッションです。最後のミッションは5年生と合同で行うことで、来年度へ活動をつなげることも期待できます。

▶指導のポイント

委員会活動や縦割り活動、学校によっては通学班などいろいろな場で、6年生から5年生への引き継ぎが行われる時期です。

6年生ミッションは公のものではなく、6年生の主体性や創意工夫により成り立つものですが、最後のミッションは5年生と共に行うことをおすすめします。サブリーダーとして6年生とともに学校を支えてくれた5年生を育てるのもまた6年生のミッションの一つです。

▶感謝を形に

最後のミッションの例として「感謝の気持ちを伝えよう」という活動を紹介します。

6年生の家庭科の学習にもこのような単元がありますが、6年生がお世話になった学校をきれいにしたり、先生方にお礼の気持ちを伝えたりするだけでなく、この素敵な感謝の輪を全学年に広げましょう。

感謝の気持ちをどう表すのかは工夫次第です。ミニカードを6年生が用意して全校児童がそのカードを使って感謝を表したい人に手紙を書いてもよいでしょう。一人ひとりが学習用具を整理整頓することでもよいですし、縁あって同じ学級になった友達と遊びを計画することでもよいです。つまり、感謝の気持ちを表す方法は、そこに気持ちが込められていればどんな活動でもよいのです。

展開

01 企画をする

これまで同様、具体策を話し合いますが、今回は5年生の実行委員にも参加してもらいましょう。企画の段階から参加してもらうことで、細かな進め方を学ぶ機会になります。

最後のミッションなので、バリエーションが多様で、1年生から6年生までそれぞれの思いで進めていけるミッションが望ましいです。

ミッションが決まったら、必要な係を、子供たちと相談しながら決めましょう。

02 ポスターを作り、呼びかける

5・6年
合同
ミッション

BGMを流しながら呼びかけをします。ポスターを作るのも5年生も一緒に行います。「第3回は5年生と合同で」などと銘打っておくと、4月から5年生になる4年生にも刺激になるでしょう。

感謝の気持ちを伝えるために何ができるか話し合う

最後のミッションのテーマは「感謝」。お世話に
なった学校や先生方、下級生に自分たちは何がで
きるのか話し合います。

企画が決まれば実行に移します。感謝の手紙を書
いたり、プラカードを持って各教室を回ったり……。

活動の様子は写真に撮っておき、ミッションクリ
アの際には、これまでの写真と一緒に掲示しまし
ょう。

03 校内を回り、活動する

1週間程度の期間を設けて、5・6年生で各教室を
回ってみましょう。のぼりやプラカードなどがあると
盛り上がります。感謝の気持ちを形にしている姿を見
つけたら声をかけたり写真に収めたりします。

04 振り返る

前回同様、ミッションのポスターのまわりに、「ミッ
ションクリア」の文字とともに、各学年での実践写真
をちりばめましょう。

振り返りも5・6年生合同で行い、互いに感謝を伝
え合う場にしたいですね。

祝卒業!! 心の中で思ったことをそのまま子供たちに伝えよう!

3月は達成期!

形成期 （メンバーを形成）	混乱期 （考え方、感情がぶつかり合う）	規範期 （共通の目標、役割分担が形成され始める）	達成期 （学級として機能し、成果を出す）
・お互いのことをよく知らない ・学級の共通の目標や明確には定まっていない ・子供たちの特徴や思い、考えなどが分かっていない	・子供たちの特徴や思い、考えに食い違いが起こり、人間関係などで対立が起こる	・学級の子供たちの特徴や思い、考えなどが共有され始め、統一感が生まれつつある	・学級に結束力が生まれ、相互にサポートができるようになる ・学級としてパフォーマンスを最も発揮する時期
4・5月	6・7・(8)・9・10・11・12月		1・2・3月

いよいよ3月。ということは上記の表では、達成期にあたります。といったことを、アレコレ言うつもりは全くありません。

3月の学級づくりで何より伝えたいことは、**先生と子供たちにとって後悔のないように、日々過ごしてください**ということです。

いよいよ、あと数週間で子供たちは卒業です。卒業とは、子供たちとお別れということです。目の前の子供たちと過ごす日々はもうやってきません。

何度、6年生の担任をしてもこの別れには慣れません。卒業式後教室に行ったとき、教室にこの子たちがいつものようにやってくるのではないかと幻想を抱くこともあります。この子たちと過ごした日々が当たり前ではなかったということにも気付くでしょう。

この1年間を改めて振り返ってみましょう。楽しかったこと、喜んだことだけでなく、きっとつらかったこと、大変だったこともあったことでしょう。

もしかしたら、つらかったことや大変だったことの方が多いと思われる先生もいるかもしれません。でも、子供たちはきっと先生に感謝をしていることでしょう。いつもは反発していた子たちが急に「寂しい」と言ったりもするかもしれません。

それを踏まえて、

・**お別れする子供たちに伝えたいことは何ですか。**
・**子供たちと取り組みたいことは何ですか。**

伝えたいことに正解はありません。心で思ったことをすべて子供たちに伝えましょう。うまく伝える必要はありません。

　心の中で思ったことを、そのまま子供たちにぶつけてください。

　それが、子供たちのこれからの成長の糧になることでしょう。

　なんだか恥ずかしいと思われた人は、最後の日、卒業式の日でも構いません。私も卒業式の日に、

「みんなと離れることが本当に寂しい」

「こんな先生についてきてくれてありがとう」

「みんなと過ごした日々はとても楽しかったです」

といったことを、涙しながら子供たちに語りました。大人になった卒業生とご飯を食べたとき、卒業式の日に私が言った言葉を鮮明に覚えている子もいました。

　そして、子供たちと取り組みたいことに取り組んでみてください。取り組みは子供発信でなく教師発信で構いません。そういった取り組みからも子供たちは先生からのメッセージを受け取ることでしょう。

３月で紹介する項目

　この３月では、以下の行事や出来事について紹介をしていきます。

・総合的な学習の時間発表会

・６年生を送る会

・卒業式①②③

　この１年間、１～５年生の子供たちが主役になるように動いてきた６年生。この３月は６年生、自分自身が主役になることばかりです。全員が主役になれるようにサポートをしていきたいものです。

　それでは、少し早いですが、１年間お疲れ様でした。ゴールはもう目の前です。

4月　5月　6月　7月　8月　9月　10月　11月　12月　1月　2月　**3月**

総合的な学習の時間発表会

生活科
総合的な学習の時間
発表会
意見を交流しましょう

▶ねらい

　1年間を通して探究してきた総合的な学習の時間もまとめの時期です。新聞やリーフレットを作成・配布したり発表会を開いたりして、学んだことを校外へ向けて発信していきましょう。

▶指導のポイント

　各学校によってテーマは様々ですが、学習指導要領にあるスパイラル（①課題の設定　②情報の収集　③整理・分析　④まとめ・表現）は、総合的な学習の時間において大切にしたい学びのサイクルです。

　ここでは「まとめ・表現」にスポットを当ててみます。学んだことを学級の中で発表するだけでなく、校外へ向けて発信していくことで学びが深まります。

　パンフレットには「当日の時程」「各学年の発表内容」「こんな力を育てます」等を記載しています。

展開

01 ミニ新聞等を地域に掲示

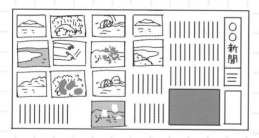

　ミニ新聞やリーフレットを作成した場合、学級の中で中間発表をしたら、校外に向けて発信してみましょう。地域のコミュニティセンターのようなところに掲示してもらうだけでも、子供たちの目的意識が変わります。

02 作ったものを売る、配布する

　地域の特産物の栽培等を通して地域を学ぶ機会があれば、育てた野菜等を地域のスーパーで売るのもよいでしょう。社会科の学習や金融教育、キャリア教育ともつながります。

　「私のとっておきの一枚」などと題して地域の写真を付けるのもよいでしょう。

1年間かけて探究してきたことを発表

「まとめ・表現」では、学んだことを新聞やリーフレットにして配布したり、スライドにして発表したりします。発表会は、保護者や地域の方を招いて行うと、より多くの学びが得られることでしょう。

03 劇にして発表する

「学習発表会」のような学校行事があれば、総合的な学習の時間で学んだことを劇にして発表することもできます。ただ、台本づくりや劇の練習にたくさんの時間を取られがちになるので、本来の目的を見失わないようにしたいですね。

04 地域の方を呼んで発表会をする

保護者や地域の方を招いて発表会を行うスタイルです。スライドを作成し、自分が1年間をかけて探究してきたテーマに基づいて発表をします。

地域の大人から質問や感想をいただき、問答します。このやりとりの中にこそ、学びが隠されています。すぐに答えられない質問もあるかもしれませんが、総合的な学習の時間で大切にしたいスパイラルは、「まとめ・表現」の後に再び「課題の設定」へと続いていくものです。地域の大人から次なる課題のヒントをいただくことになるかもしれません。

一人ひとりが発表をすることで、すべてが自分事になります。

| 4月 | 5月 | 6月 | 7月 | 8月 | 9月 | 10月 | 11月 | 12月 | 1月 | 2月 | **3月** |

6年生を送る会

今までの感謝の
気持ちを伝えたいな

感謝の気持ちや大切にしてきたこと
など、下級生に伝えたいメッセージ
を考えます。

▶ねらい

　最高学年として全校の前に立つ最後の場になります。

　送られる側としてだけでなく、つなぐ側としての意識をもたせましょう。

▶指導のポイント

　全校の前で、最高学年としての姿を見せられるのは、これが最後だという話をしておきます。

　そして、1〜5年生までの子たちに引き継いでいってほしいことを考えさせましょう。

　6年生を送る会では、お客さんのように、受け身でいるのではなく、子供たちに、「つなぐ会」でもあるという認識をもたせることがポイントです。

展開

01 伝えたいメッセージを考えよう

　学級で、1〜5年生に伝えたいメッセージを考えます。
　自分たちが、6年生として大切にしてきたことや、先輩たちの姿を思い起こしながら、考えさせていくとよいでしょう。

02 姿勢で伝わるメッセージ

　6年生からのメッセージは、何も言葉だけで伝わるものではありません。
　練習で頑張っている姿、登壇する姿、しっかりと声を出す姿、低学年の子に笑いかける姿など、細かな部分からも、伝わることがたくさんあります。
　そうしたことも、子供たちに伝えておきましょう。

全校児童と行う最後の行事

一緒に遊んだり、プレゼントをもらったりするときも、どんな姿を見てもらうかを考えておきます。

歌のプレゼント。精一杯歌う姿勢を、見てもらいます。間奏の部分では、メッセージを伝えます。

卒業式①

▶ねらい

　1年間ともに過ごしてきた子供たちに、サプライズで、感謝の気持ちを伝えましょう。

▶指導のポイント

　それぞれのクラスに、それぞれの物語があったはずです。全国どのクラスでも言えるようなありきたりなメッセージは子供に届きません。1年間ともに過ごしてきた担任だからこそ言える、具体的な思いを伝えましょう。

　最高学年としてやり遂げた子供たちの裏にはずっと不安や戸惑いがあったこと、そしてその姿を見てきた担任にも悩みや喜びがあったこと、クラスの物語を、包み隠さず本音で語れるといいですね。

1年間を振り返った写真を散りばめます。全員の写真が貼られるようにしましょう。後ろの黒板には1〜5年時の写真を貼っておきます。

展開

01 サプライズ掲示物

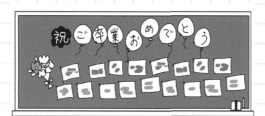

　卒業式当日、朝子供たちは教室に入り、いつもとは違う卒業仕様の教室を目にします。黒板には6年生時の写真を、背面には1年生から5年生までの写真を掲示します。過去の写真は職員共有のフォルダなどに入っているかもしれません。一つ目のサプライズです。

02 サプライズプレゼント

　教室の机の上に、メッセージカードを置いておきます。卒業式当日は、一人ひとりとゆっくりと話をする時間はありません。1年間ともに過ごして見つけたその子供のよさや、感謝の気持ちをメッセージとして残します。二つ目のサプライズです。

思い出の写真を黒板に！

輝

これから先も
ずーっと輝きますように

---

03 サプライズ学級通信

学級通信 第101号 令和○年3月○日

旅立ち～101の世界～

6年○組の皆さん、ご卒業おめでとうございます。
101号と聞いて、「あれ？　100号で終わりじゃなかったの？」と思った人も多いでしょう。
そうなんです。100号で終わりではないのです。
「100を超えるのは自分自身」というテーマで旅立ちのメッセージを贈ります。

　卒業式後の教室で、子供たちにどんなメッセージを送るか、悩む先生が多いかもしれません。そのときの感情に任せて話すのもいいですが、話す内容を事前に決めておくのも一つです。子供たちへの思いを、学級通信に書いて配ります。三つ目のサプライズです。

04 サプライズムービー

ラストムービー
「卒業」

　1年間のクラスの思い出を振り返るにはムービーがピッタリです。4月の緊張した表情の集合写真や修学旅行の動画などを見ると、「懐かしい」「楽しかったなあ」と、子供たちは自然と笑みがこぼれます。保護者の方もとても喜んでくれます。四つ目のサプライズです。

卒業式②

▶ねらい

　この日のために頑張ってきたといっても過言ではありません。

　厳粛な中にも温かみのある式にしたいものです。そのために計画的に準備を進めましょう。

▶指導のポイント

　卒業式の準備は多岐にわたります。学校全体に関わるもの、外部と関わるものなどは教務主任の先生と連絡調整を行います。

　学年の先生方と相談の必要があることは、冬休み前には確認をしておきましょう。昨年度と同様でよいかどうか、子供たちの思い、先生方の思い、保護者の思いなど多方向から考えてみましょう。見直すべきところは思い切って変えてみる必要もあります。

▶学年の先生と相談しよう

　昨年度のままでよい部分と、改善した方がよい部分を学年の先生方と相談しましょう。

【見直す点の例】

・式前のBGMやスライドショー

・証書授与の流れ、動き

・呼びかけの言葉

・式歌のタイミング

・呼びかけや歌の隊形

・式後の流れ

【当日の先生の動きも】

　子供たちの練習のことばかりに目が行きがちですが、式場の準備が整ったら先生方の動きも念入りに確認しましょう。袴を着る場合は事前に管理職に相談が必要なこともあります。

　式当日に担任がもつ式次第をおそろいで作るのも素敵です。

展開

01　証書授与の流れを見直す

　卒業証書授与の流れ（歩き方）の作法は学校の伝統もあると思いますが、昨年度までの流れでよいかどうかを学年の先生方で話し合いましょう。

　右から左へのように一方通行で歩いていくパターンもあれば、左右両側から中央へ歩いていくパターンもあります。また、保護者席の前で、もらった証書を持ってシャッターチャンスのように一度立ち止まるパターンもあります。

　式場の全体会場図からどの動きが最適か、先生方の納得解になるよう話し合いましょう。

02　隊形を見直す

　呼びかけの言葉や合唱の隊形は1パターンでよいでしょうか。呼びかけの合間や合唱の間奏で移動することも考えられます。みんなの顔が平等に見えるよう配慮したいですね。

希望あふれる式場の装飾

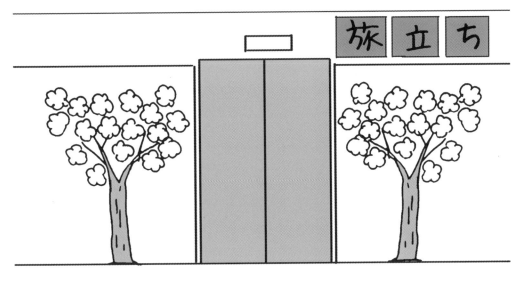

入退場するドアの両脇には桜の樹。花びらには子供たちの将来の夢などが書かれています。子供たちはもちろん、保護者も感慨深くなるはずです。

03 式場の装飾を見直す

旅立ちを祝福する演出の一つとして、卒業生が入退場する扉のまわりを装飾することもできます。

一枚一枚の桜には、子供たちの将来の夢や、「こんな大人になりたい」という希望を書いてもよいでしょう。

学年での合言葉や学年通信のタイトルと関連させて題字を作成することも考えられます。

いつもの装飾にプラスアルファでこんな演出があると、写真映えもしますし、明るい未来へ向かって退場する後ろ姿に花を添えることができます。

04 式後の流れを見直す

卒業式後に再び教室に戻って学級活動をするのか、その場合時間はどれくらいか、式の後はそのまま見送りなのか、保護者への一言はどこで話すのか等、細かいことですが、学級によって大きな差が出ないようにすることも大切にしたいですね。

卒業式③

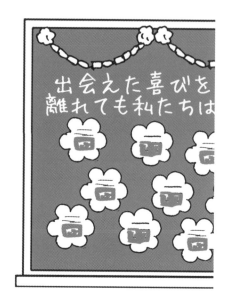

▶ ねらい

　6年間通ってきた小学校の最後の行事です。今まで子供たちに関わってきた先生方やおうちの方の思いを大切に、卒業生担任が代表して心を込めて送り出しましょう。

▶ 指導のポイント

　6年生の担任になった4月から「卒業式」に向けて歩んできました。最高学年像への理想と現実の狭間で悩んだり、心を動かすアプローチを考えたりしてきたことでしょう。しかし、この一年だけが特別だったわけではありません。入学してきたあの日から、おうちの方や友達、先生、地域の方々に囲まれてここまで歩んできたのが6年生です。自分たちの成長を見守ってくれた多くの方々へ感謝の気持ちをもって「卒業式」を迎えましょう。

子供たちへの感謝や想いを込めたメッセージを板書し、皆の写真を貼ります。右の桜の花びらには子供たちの写真と感謝のメッセージ。新たな門出を祝して送り出しましょう。

展開

01 手紙プロジェクト①　過去の自分から未来の自分へ

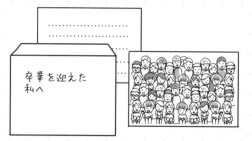

　卒業式前日か当日に、4月に書いた「卒業式を迎えた自分へ」の手紙と集合写真が入った封筒を渡します。どのような気持ちで6年生をスタートしたのかを想起させ、気持ちの変化や成長を自分自身で認め、最高のモチベーションで卒業式を迎えましょう。

02 手紙プロジェクト②　おうちと子どもをつなぐ

　「子供からおうちの方へ」、「おうちの方から子供へ」互いに手紙を書き、どちらも教師が仲介してサプライズで渡します。おうちの方々には卒業式の受付で渡し、子供たちには教室の机上に置いておくなどして、入場前に読んでから参加できるようにしましょう。

子供たちへ感謝を伝える黒板

03 思い出プロジェクト

　1年生から6年生までの成長が伝わる写真や、子供たちから先生や保護者へのビデオメッセージを事前に準備しておきます。卒業式に放映し、みんなで見られるといいですね。入学時と現在を比較した顔写真を入り口に掲示することで、おうちの方々へ持ち帰りのプレゼントにすることもできます。

04 感謝の桜

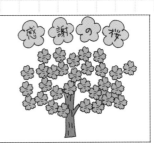

　子供たちからの「感謝」の気持ちを桜のカードに書いてもらいます。卒業式当日までに桜が満開になるよう計画しましょう。下級生に書いてもらったり、当日保護者に書いてもらったりして、みんなで一つの大きな桜の木に成長させられると素敵ですね。

編著者・執筆者紹介

【編著者】

樋口　万太郎（ひぐち　まんたろう）

1983年大阪府生まれ。大阪府公立小学校、大阪教育大学附属池田小学校、京都教育大学附属桃山小学校を経て、香里ヌヴェール学院小学校に勤務、現在に至る。

日本数学教育学会、全国算数授業研究会幹事、関西算数授業研究会元会長、授業力＆学級づくり研究会などに所属。主な著書に『GIGA School時代の学級づくり』『これから教壇に立つあなたに伝えたいこと』『教壇に立つ20代のあなたに伝えたいこと』『そのひと言で授業・子供が変わる！算数７つの決めゼリフ』（東洋館出版社）など多数。

【執筆者】（執筆順）

樋口　万太郎

p.1/8-17/20-21/50-51/62-63/72-73/82-83/90-91/100-101/110-111/118-119/130-131/
　142-143/152-153

竹澤　萌（たけざわ　めぐみ）　　池田市立小学校

p.22-23/26-27/30-33/36-41/54-55/66-67/76-77/106-107/112-113/134-135/140-141/
　148-149/162-163

小谷　宗（こたに　たかし）　　田辺市立小学校

p.24-25/28-29/46-49/52-53/56-57/60-61/80-81/84-87/104-105/122-127/158-159

金子　真弓（かねこ　まゆみ）　　浜松市立小学校

p.34-35/70-71/74-75/88-89/96-97/108-109/114-117/132-133/138-139/146-147/150-151/
　154-155/160-161

千葉　修平（ちば　しゅうへい）　　田辺市立稲成小学校

p.42-45/58-59/64-65/68-69/78-79/92-95/98-99/102-103/120-121/128-129/136-137/
　144-145/156-157

カスタマーレビュー募集

本書をお読みになった感想を下記サイトに
お寄せ下さい。レビューいただいた方には
特典がございます。

https://www.toyokan.co.jp/products/va5128

イラストで見る
全活動・全行事の学級経営のすべて
小学校6年

2023年（令和5年）2月23日　初版第1刷発行

編著者：樋口　万太郎
発行者：錦織　圭之介
発行所：株式会社東洋館出版社
　　　　〒101-0054　東京都千代田区神田錦町2丁目9番1号
　　　　　　　　　　コンフォール安田ビル2階
　　　　代　表　電話03-6778-4343　FAX03-5281-8091
　　　　営業部　電話03-6778-7278　FAX03-5281-8092
　　　　振　替　00180-7-96823
　　　　ＵＲＬ　https://www.toyokan.co.jp

装丁デザイン：小口翔平＋須貝美咲（tobufune）
本文デザイン・組版：株式会社明昌堂
イラスト：小林裕美子（株式会社オセロ）
印刷・製本：株式会社シナノ

ISBN978-4-491-05128-4　　　　　　　　　　Printed in Japan